MW01482963

Anne Spier

# Mit Witzen Deutsch lernen

Eine Sammlung von 520 Witzen für den
Sprachunterricht Deutsch
als Fremdsprache/Zweitsprache

*Danksagung*
Die Autorin dankt herzlich für ihre Unterstützung: Dr. Ulrike Harnisch-Heckel, Lester Mazor, Serena Smith und allen Mitarbeiterinnen der Bibliothek von Hampshire College in Amherst, Mass., USA, und last not least, Frau A. Hauser für ihr kluges und umsichtiges Lektorieren des Manuskripts und das Erstellen des Registers.

Die in diesem Werk angegebenen Internetadressen haben wir überprüft (Redaktionsschluss 20. Dezember 2004). Dennoch können wir nicht ausschließen, dass unter einer solchen Adresse inzwischen ein ganz anderer Inhalt angeboten wird. Deshalb empfehlen wir Ihnen dringend, die Adressen vor der Nutzung im Unterricht selbst noch einmal zu überprüfen.

Nicht in allen Fällen war es uns möglich, den Rechteinhaber ausfindig zu machen. Berechtigte Ansprüche werden selbstverständlich im Rahmen der üblichen Vereinbarungen abgegolten. Wir bitten um Verständnis.

 http://www.cornelsen.de

**Bibliographische Information:** Die Deutsche Bibliothek verzeichnet diese Publikation in der Deutschen Nationalbibliographie; detaillierte bibliographische Daten sind im Internet über http://dnb.ddb.de abrufbar.

Dieses Werk berücksichtigt die Regeln der reformierten Rechtschreibung und Zeichensetzung.

5. 4. 3. 2. 1.   Die letzten Ziffern bezeichnen
09 08 07 06 05   Zahl und Jahr der Auflage.

Redaktion: Annegret Hauser, Berlin
Layout und Satz: Uta Eickworth, Berlin
Umschlaggestaltung: Bauer + Möhring, Berlin
Illustration (Umschlag und Innenteil): Dorina Teßmann, Berlin
Druck und Bindearbeiten: Clausen & Bosse, Leck
Printed in Germany
ISBN 3-589-22120-8
Bestellnummer 221208

 Gedruckt auf säurefreiem Papier,
umweltschonend hergestellt aus chlorfrei gebleichten Faserstoffen.

# Inhalt

# Vorwort

Anne Spier ist seit 20 Jahren Kursleiterin an Volkshochschulen für Deutsch als Fremdsprache (früher auch für Englisch). Sie kennt also die Situation der Dozentinnen und Dozenten sowie der Teilnehmerinnen und Teilnehmer sehr gut. Das vorliegende Buch ist dementsprechend an die Probleme und Bedürfnisse von Sprachlehrenden und -lernenden angepasst. Dieses situationsspezifische Wissen der Autorin war und ist auch ausschlaggebend für den Erfolg des Buches „Mit Spielen Deutsch lernen", das inzwischen die 11. Auflage erreicht hat.

Die Arbeit am jetzt vorliegenden Buch hat, mit Pausen, etwa vier Jahre gedauert. Dabei ging es um die Zusammenstellung und Bearbeitung von Witzen aus den verschiedensten Quellen, um die Entwicklung bestimmter Kriterien für die Auswahl von Witzen und um didaktische Fragen, die von den grammatischen Übungsschwerpunkten bis zu kulturtypischen Tabus reichten.

Die Sorgfalt und Solidität der Recherche, alle ‚Mühen der Ebene' (Bertolt Brecht) sind dem jetzt vorliegenden, eher knappen Text nicht mehr anzumerken – es sei denn, man sieht sich die Literaturangaben näher an.

Bei der Lektüre von „Mit Witzen Deutsch lernen" wird deutlich, wie sehr Humor und Witze zur interkulturellen Erziehung beitragen, die in jedem Deutschkurs angestrebt werden sollte.

Witze kennzeichnen, was eine Gesellschaft oder bestimmte Gruppen belastet; sie zeigen Gesellschafts- und Gruppentypisches, aber auch internationale Erscheinungen, die in fast jeder Gesellschaft auftreten.

Deutschlernende, die mit Anregungen und Material aus diesem Buch arbeiten und ggf. an Hintergründe und Spielarten des Humors herangeführt werden, lernen ein Stück der deutschen Gesellschaft kennen und kommen der speziellen Kultur des Alltags etwas näher.

In diesem Sinne wünsche ich dem Buch viel Erfolg.

*Dr. Ulrike Harnisch-Heckel*
*(Wissenschaftliche Mitarbeiterin am Landesinstitut*
*für Schule und Medien, Berlin)*
*Berlin, im August 2004*

# Was in einer idealen Einleitung stehen würde

Im Laufe der Arbeit an den Witzen ist mir erst klar geworden, wie komplex das Thema *Witze* ist. Am liebsten würde ich an dieser Stelle den Kolleginnen und Kollegen folgende Einleitung zu lesen geben:

*Teil 1:* Eine knappe, aber fundierte Darlegung der verschiedenen Humortheorien, gefolgt von einer Darstellung der verschiedenen Aspekte des Lachens in psychologischer und anthropologischer Sicht. Anschließen würde sich eine Abhandlung zur Entwicklung des menschlichen *Sinns für Humor* vom Baby- bis ins Greisenalter.

*Teil 2:* Was ist überhaupt *Sinn für Humor*? Inwieweit ist er ein angeborenes, sozusagen genetisches Phänomen; inwieweit prägen ihn Erziehung und Kultur, in der ein Mensch aufwächst? Welche Rolle spielt die Sprache einer Nation beim Erfinden von Witzen? Welche Kategorien von Witzen gibt es, d. h., worauf beruht ein Witz?

*Teil 3:* Wer lacht zu welchen Anlässen worüber in West-, Nord-, Süd- und Osteuropa, Nord- und Lateinamerika, in den arabisch-islamischen Ländern, in Asien, Afrika und in Australien? Welche Tabus gibt es?

Die Quellenlage in deutscher Sprache ist vor allem für den arabischen Sprachraum und die Länder Asiens und Afrikas äußerst dürftig. Internationale Humorforschung ist m. W. so gut wie ausschließlich in englischer Sprache publiziert worden.[*]

Dieses Buch ist jedoch keine Doktorarbeit, sondern soll eine praktische Arbeitshilfe für den DaF-/DaZ-Unterricht sein. Lehrende sind bei der Vorbereitung ihres Unterrichts oft im Stress und wollen schnell einen für ihre Gruppe geeigneten Witz finden. Deshalb habe ich mich im Folgenden beschränkt auf einige Anmerkungen zum Thema „Nationaler Humor" sowie – am Ende dieses Buches – auf bibliographische Hinweise, wo man Informationen zu einigen der o.g. Fragen finden kann.

---

[*]  Vielleicht stimmt das aber nur bedingt, denn ich hatte nur Zugang zu deutsch- und englischsprachiger Literatur.

# Witze und nationaler Humor – einige Anmerkungen

Humor hat vielfältige Formen. Der Witz als Kurzform ist typisch für die industrielle und die post-industrielle Gesellschaft: Er ist ein in der Regel sehr kurzer Text, oft in Dialogform, der in einer Schlusspointe gipfelt. Auf diese Pointe sollten Zuhörer oder Leser erwartungsgemäß mit Lachen reagieren. Die Themen von Witzen sind kultur- und zeitgebunden, das heißt, sie hängen engstens zusammen mit der Gesellschaft, in der sie entstehen und kursieren. Es gibt aber auch Wanderwitze, bei denen das gleiche Grundmuster auf verschiedene Personen oder Umstände übertragen wird.

## Welche Länder und Kulturen sind mit der Humorform *Witz* vertraut?

Witze als kurze Humorform sind bekannt in allen west-, nord-, süd- und osteuropäischen Ländern, darüber hinaus in Israel (zum jüdischen Humor vgl. Bibliographie). Auch asiatische Länder, die westlich beeinflusst sind, kennen Witze: Indien, China, Japan, Korea, Malaysia, Indonesien usw.

In Ländern der arabischen Region, die (noch) nicht völlig von Modernisierung und Hektik erfasst sind, wo man also mehr Zeit hat, wird am häufigsten gelacht über Begebenheiten, die einem selbst oder jemand anderem passiert sind. Die Erzählungen davon können sehr lang und ausführlich sein und haben nicht eine donnernde Schlusspointe, sondern viele wellenförmige Pointen im Verlauf der Erzählung. Kurze Witze sind häufig Zoten und werden eher in Männerkreisen erzählt. Das ist der Hintergrund der ablehnenden Haltung von muslimischen Frauen gegenüber Witzen, der Kursleiter* begegnen können. Sehr beliebt und verbreitet in allen islamischen Ländern sind die Nasreddin-Hodscha-Anekdoten: Sie sind humorvoll und haben dabei einen didaktischen Charakter.

---

\* Aus Gründen der Lesbarkeit wird auf die durchgängige Nennung der männlichen und weiblichen Form bzw. auf unschöne Kopplungsvarianten verzichtet. Die männliche Form meint, wenn allein stehend, immer auch Frauen.

Über den Humor in den vielen Ländern des riesigen afrikanischen Kontinents mit ihrer unterschiedlichen (Kolonial-)Geschichte gibt es m. w. keine Untersuchungen. Australien ist als frühere englische Strafgefangenenkolonie vom angelsächsischen Humor geprägt. Zudem ist es eine Gesellschaft, in der Männer über zwei Jahrhunderte Männer dominierten. Auf diesem Kontinent gibt es eine reiche Witzkultur u. a. mit Zoten und deftigen Witzen über Alkohol, diverse Ausscheidungen und Sodomie.

Eine globale Erscheinung sind ethnische Witze, also solche, die sich lustig machen über andere Nationen bzw. über die verbreiteten Stereotypen von ihnen (siehe die Anmerkungen zu den entsprechenden Witzen, S. 137–142).

Der israelische Psychologe und Humorforscher Avner Ziv meint, dass der Sinn für Humor wesentlich individuell sei und wahrscheinlich erst in zweiter Linie kulturell geprägt. Beim unsystematischen Ausprobieren von Witzen im eigenen Freundeskreis habe ich bestätigt gefunden, dass auch in der eigenen Nation der Sinn für Humor äußerst verschieden ausgeprägt ist: A kann über Witze überhaupt nicht lachen, B über fast alle, C lacht am meisten über religiöse Witze, D über makabre und grausame, F lacht nur über intellektuelle, aber überhaupt nicht über alberne Witze, G und H lachen herzlich über Zoten und finden nicht-anzügliche Witze langweilig usw.

## Deutschland: *Volk ohne Witz*?

Zu den Stereotypen über die Deutschen gehört ihre Humorlosigkeit. Der Romanist und Germanist Otto F. Best leitet[*] dieses Stereotyp von der historischen Abgrenzung zu Frankreich ab. Verkürzt dargestellt: Deutschland liegt in der Mitte Europas und hat keine natürlichen Grenzen zu seinen Nachbarländern (wie z.B. Italien und Frankreich). Nach der napoleonischen Besetzung Anfang des 19. Jahrhunderts wurden die Bestrebungen, einen Nationalstaat zu bilden, immer stärker. Für die Gründung eines deutschen Nationalstaates war es notwendig, sich im Selbstverständnis wie auch in der Kontrastierung gegenüber Frankreich über bestimmte „deutsche" Eigenschaften zu definieren. Im Zuge dieser Abgrenzung wurden dem westlichen Nachbarn und Konkurrenten Frankreich *Esprit*, Geist, Witz, Schlagfertigkeit, Eleganz, Leichtlebigkeit, Frivolität, Koketterie, Falschheit und Oberflächlichkeit zugeschrieben, wogegen

---

[*]  in seinem sehr lesenswerten, aber momentan vergriffenen Buch *Volk ohne Witz – Über ein deutsches Defizit* (vgl. Bibliographie)

sich der Deutsche als tief („Volk der Dichter und Denker"), gemütvoll, fleißig, sparsam, grob, ehrlich, gewissenhaft und (bier!)ernst abgrenzte. Der Witz geriet in Deutschland in Verruf.

200 Jahre später ist es immer noch schwer, auf einer deutschen Party mit Unbekannten über lockerem Small-Talk in Kontakt zu kommen. Die *Spaßgesellschaft* der Nach-Wendezeit mit ihrem Boom von Comedy-Serien im Fernsehen ist wahrscheinlich eher ein Phänomen des Feuilletons als eines der Realität. So mag es widersprüchlich erscheinen, dass Witze in Deutschland seit langem beliebt und weit verbreitet sind. Witzebücher erscheinen in hohen Auflagen, viele Zeitungen und Zeitschriften haben einen Witzeteil, im Internet gibt es eine Flut von Witzeseiten.

Witze werden überall dort erzählt, „wo Menschen in geselligen Kontakt treten: am Wirtshaustisch ebenso wie bei der häuslichen Geselligkeit aller sozialen Schichten, an beliebigen Arbeitsplätzen, in Büros und Kantinen, auf Schulhöfen, in Kasernenstuben wie hinter Klostermauern, in Eisenbahnabteilen und Wartezimmern – wo immer eine Gruppe von Menschen nach ihrer Gestimmtheit dazu neigt und ein innerer oder äußerer Anstoß dafür vorhanden ist. Der Witz hat seinen festen Platz in der modernen Industriegesellschaft der Gegenwart." (Röhrich, S. 10)

## Witze: Themen

Worüber man lacht, ist Wandlungen unterworfen: Im Deutschland der Nachkriegszeit lachte man über (Bild-)Witze mit dem Schiffbrüchigen auf der einsamen Insel mit Palme, über den Missionar oder die vollbusige Blondine im Kochtopf von Kannibalen, über den Fakir auf dem Nagelbrett, über fliegende Teppiche, über die Meeresjungfrau mit Fischschwanz (alles exotische Milieus). Eher biedere Witze über den heimischen Alltag thematisierten die mit Nudelrolle und Lockenwicklern auf ihren spät und angesäuselt nach Hause kommenden Mann wartende Frau, den das Baby bringenden Storch und (missverstandene) abstrakte Kunst. Auch so genannte „Irrenwitze" fanden ihr Publikum. Noch früher gab es Witze über alte Jungfern, man lachte bei Hagenbeck über Menschen mit körperlichen Besonderheiten (riesige oder winzige Menschen, Frauen mit Bart etc.). Ein zivilisatorischer Fortschritt, wenn Derartiges heute tabuisiert ist!

Die Themen von Witzen entstammen Lebensumständen. Ein gutes Beispiel dafür sind die Schwiegermutterwitze. Bis in die 50er und 60er Jahre des 20.

Jahrhunderts waren sie in Deutschland sehr beliebt. Der Grund war das traditionell enge (nach dem Krieg häufig auch räumlich beengte) Zusammenleben mit den Angehörigen und das chronische Sich-Einmischen der Mutter eines der Ehepartner in die Angelegenheiten des Ehepaars. Weil sich die Wohnverhältnisse im Laufe der Jahre verbesserten und weil der enge Familienzusammenhalt keine Selbstverständlichkeit mehr darstellt, ist dieser Typ Witze in Deutschland heute praktisch ausgestorben. Dagegen sind Schwiegermutterwitze heute noch in den Ländern der ehemaligen Sowjetunion beliebt.

Betrunkenenwitze gibt es in allen Ländern, in denen Alkoholkonsum – auch der übermäßige – gesellschaftlich akzeptiert ist, so in Deutschland, Irland, Schottland, Finnland und Australien, um nur die wichtigsten zu nennen. In Ländern, in denen Alkohol aus religiösen Gründen nicht getrunken werden darf, wie in den islamischen, wirkt ein Betrunkenenwitz nicht nur nicht komisch, sondern geradezu abstoßend. (Somit ist diese Witzgruppe im Unterricht mit Umsicht einzusetzen und deshalb mit entsprechenden Anmerkungen in die vorliegende Sammlung aufgenommen worden.)

Witze über Ekliges (zum Beispiel „Herr Ober!"-Witze) sind in Deutschland und auch in den angelsächsischen Ländern sehr beliebt, wobei gilt: je ekliger, desto lustiger. Diesen wohligen Schauer des Ekliges teilt jedoch nicht jeder und jede, deshalb sollte man mit diesen Witzen im Unterricht sehr vorsichtig sein. Auch sie sind mit entsprechenden Hinweisen versehen worden. Witze über geldgierige Ärzte und Rechtsanwälte sind zuhauf in amerikanischen Witzebüchern und auf entsprechenden Webseiten zu finden. In Deutschland sind die meisten Menschen gesetzlich krankenversichert und somit keine Privatpatienten. Es gibt hier jedoch noch einige Witze über die zur Armut führende Arztrechnung (vielleicht kommen solche Zeiten ja auch wieder), von denen zwei in die Sammlung aufgenommen worden sind. Sie können als Anlass zum Vergleich dienen. Rechtsanwälte können hierzulande auf Grund der Gebührenordnung normalerweise keine astronomischen Honorare fordern; daher gibt es dieses Thema in deutschen Witzen so gut wie gar nicht.

Witze über Jäger und Wilderer sind nur in Ländern zu finden, in denen gejagt und gewildert wird, und spielen somit in Deutschland kaum eine Rolle.

Witze mit sexuellen Anzüglichkeiten oder Zoten widmen sich dem wahrscheinlich ältesten, ganz bestimmt dem verbreitetsten aller Themen. Im Internet sind geschätzt 90–95% aller Witze Zoten, in gedruckten Quellen weniger oder viel weniger. Werden Witze mit Zoten gleichgesetzt, so kann eine negative Erwartungshaltung gegenüber Witzen vorhanden sein, besonders bei Frauen. Deshalb berücksichtigt die folgende Sammlung solche Witze nicht.

# Zum Aufbau
# der Witzesammlung

Die folgende Witzesammlung für den DaF- und DaZ-Unterricht besteht aus zwei Teilen.

*Teil 1* enthält Witze für den Unterricht mit Deutschlernenden in der Grundstufe bis hin zum Zertifikat. Die Witze sind nach Themen geordnet und wurden mit Anmerkungen zu ihrer grammatikalischen Struktur versehen. Die Witze sind einzeln nummeriert. Über das Register zu den Grammatikanmerkungen lässt sich zu jedem der grammatischen Schwerpunkte leicht mindestens ein passender Witz finden. Die grammatischen Begriffe folgen der Duden-Grammatik. Da die Lehrbücher sowohl in der grammatischen Progression als auch im eingeführten Wortschatz voneinander abweichen, wurden die Witze dieser Sammlung nicht nach Stufen eingeteilt. Ganz wenige Witze des ersten Teils sind sprachlich so schwierig, dass sie besser für Fortgeschrittene geeignet sind. Im entsprechenden Fall ist dies angemerkt. Alle Witze aus Teil 1 können selbstverständlich auch für fortgeschrittenere Kurse eingesetzt werden: einfach so, zur Auflockerung, ohne grammatische „Hintergedanken" oder zur Wiederholung grammatischer Strukturen.

*Teil 2* enthält Witze, die wegen der Komplexität ihres Themas und der Schwierigkeit ihres Wortschatzes besser für fortgeschrittenere Gruppen etwa ab der Mittelstufe geeignet sind. Die in ihnen enthaltene Grammatik ist nicht erfasst, dies zu tun, bliebe also ggf. dem Kursleiter selbst überlassen. Diese Witze eignen sich besonders als Diskussionsgrundlage (z.B. über Nationalitäten- und Berufestereotypen) oder zur Wortschatzerweiterung (z.B. über Missverständnisse und Wortwitz).

## *Welche Witze (nicht) in diese Sammlung aufgenommen wurden*

Die Grundlage für die Witzesammlung waren Tausende von Witzen aus Witzebüchern und Witzeseiten im Internet. Entscheidend für die Aufnahme eines Witzes in diese Sammlung war zum einen, dass er niemanden herabsetzt oder beleidigt. Dabei ist jedoch zu relativieren, dass auf mehr oder weniger subtile Weise sehr viele Witze auf Kosten von jemandem (Unwissendem, Missverstehendem, „Dummem") gehen. Zum Zweiten sollten die Witze aus Lebensbereichen kommen, die den meisten Menschen vertraut sind, egal aus welcher Kultur sie stammen: Einkaufen, Arztbesuch, Kinder, Sport etc.

## *Kategorien und Themen, die ausgeschlossen wurden:*

a) Witze, die sich lustig machen über Nationalität, Geschlecht, Haut- und Haarfarbe (Blondinenwitze), sexuelle Orientierung, Suchtverhalten (Alkoholikerwitze), Familienmitglieder (Schwiegermutterwitze), Alter, Behinderungen und Einschränkungen (Witze über Blinde, Impotente, „Irre"), religiöse (Pfarrerwitze) oder politische Überzeugungen sowie Witze über Tod, Unfälle oder Verletzungen („schwarzer Humor") und über Ekliges (einige aufgenommene Witze, die Makabres oder Ekliges enthalten, wurden mit einer Anmerkung versehen).

b) Witze, die Fachwissen erfordern oder die in einem speziellen beruflichen Milieu spielen: insbesondere Witze über Militär, Computer, Physiker, Mathematiker, Musiker etc.

c) Witze aus der deutschen Geschichte und Politik: über Kaiser Wilhelm, Oberst Zitzewitz, Witze gegen den Nationalsozialismus, über Adenauer, Lübke, Kohl, die DDR und Ossi-Wessi-Witze.

d) mundartliche Witze: im Berliner, bayrischen, Kölner, österreichischen etc. Dialekt.

e) Witze, die aus anderen Ländern und Kulturen kommen und die spezifische kulturbedingte Gegebenheiten vor Ort, Verhaltensweisen und Normen zum Gegenstand haben, z. B. englische, amerikanische, russische und jüdische.

f) Nicht-Gefallen und Blöd-Finden waren ein (subjektives) Kriterium: keine Klein-Fritzchen- oder Häschen-Witze („Hattu Möhrchen...?") – obwohl sie bekannt und beliebt sind und somit landeskundlich wichtig wären.

Für Witze der Kategorien b), c), d) und e) sind in der Bibliographie Quellen angegeben. Witze der Kategorien a) und f) sind zuhauf in Büchern und im Internet zu finden. Was in unserem Kulturkreis selbstverständlich scheint, ist es nicht überall. Deshalb wurde, durchaus nicht vollständig, mit Anmerkungen versehen, was für Teilnehmer, die nicht aus einer westlich geprägten Kultur kommen, fremd sein mag.

# Die Witzesammlung *Teil I*

## Witze für die Grundstufe I – III
## (mit Grammatikanmerkungen)

## Arbeitswelt

### *Büro*

*Um diese Witze verstehen zu können, sollten die Teilnehmer die Hierarchie und die Atmosphäre in einem Büro kennen. Letzere kann beherrscht sein von Unlust, Verweigerung, Langeweile oder Angst.*

1 „Warum kommen Sie denn heute so spät ins Büro?", fragt der Chef. „**Weil** Sie gestern gesagt haben, ich **soll** meine Zeitung zu Hause lesen!"

*Nebensatz mit **weil**;*
*Modalverb **sollen***

2 Der Chef sagt zu der neuen Mitarbeiterin: „Guten Tag, Frau Müller! Sie haben sich schon wieder verspätet! Wissen Sie denn nicht, **wann** hier die Arbeit beginnt? Die Mitarbeiterin erwidert: „Nein, Chef. **Wenn** ich komme, dann arbeiten schon alle."

*Nebensätze mit **wann** und **wenn***

3 Der Chef fragt die Mitarbeiterin: „Wieso kommen Sie denn zur Arbeit? Ihre Freundin **hat** gerade **angerufen** und gesagt, **dass** Sie krank sind!" „Das **sollte** sie **doch** erst morgen machen!"

*Perfekt von trennbarem Verb **anrufen**;*
*Nebensatz mit **dass**;*
*Modalverb **sollen** im Präteritum;*
*Partikel **doch***

4  Bei der Firma XY gibt es keine **Frühstückspause**. Alle Mitarbeiter wissen das. Nun ist ein **Neuer** gekommen. Pünktlich um halb zehn nimmt er sein belegtes Brot aus der Tasche und isst. In diesem Moment kommt der Direktor. „Hören Sie", schreit er, „bei uns gibt es kein Frühstück!" „Das habe ich **mir** gedacht", sagt der Neue. „**Deshalb habe** ich mir auch etwas **mitgebracht!**"

*Kompositum;*
*substantiviertes Adjektiv;*
*Personalpronomen im Dativ:* ***sich** (etwas)* **denken**
*(**du – dir/wir – uns/ihr – euch/er, sie, es, sie – sich**);*
*Konjunktion* **deshalb** *+ Hauptsatz ;*
*Perfekt von trennbarem Verb* **mitbringen**

5  Der Chef sieht, **dass** ein Angestellter schläft. Der Angestellte **entschuldigt sich**: „Unser Baby kriegt Zähne, darum habe ich die ganze Nacht nicht geschlafen." Der Chef erwidert: „Gut, **bringen Sie es** morgen **mit** ins Büro!"

*Nebensatz mit* **dass**;
*unecht reflexives Verb* **sich entschuldigen**;
*Imperativ von trennbarem Verb* **mitbringen**;
*Personalpronomen* **es**

6  Chef: „Sie **sind entlassen!**" Angestellter: „Ich habe doch gar nichts getan!" Chef: „**Eben.**"

*Zustandspassiv von* **entlassen**;
*Erklärung:* **eben** *(Adverb) =* **ja, darum**

7  Wie jeden Morgen kommt der Chef ins Büro und erzählt einen blöden Witz. Alle lachen, **bis auf** einen Mitarbeiter, der mit unbewegter Miene dasitzt.
„Warum **haben** Sie **nicht** über meinen Witz **gelacht**?", fragt der Chef **irritiert**. „Ich habe vor zwei Tagen gekündigt", antwortet der Mitarbeiter.

**bis auf** = **außer**; *Relativsatz;*
*Perfekt (mit Verneinung);*
*Partizip II als Adverb*

8  Das Telefon im Büro klingelt. Ein Angestellter hebt ab und sagt: „Welcher Idiot ruft mich in der Mittagspause an?" Da sagt der Anrufer: „Wissen Sie, **mit <u>wem</u> Sie sprechen?** Ich

bin der Direktor!" Der Angestellte antwortet: „Wissen Sie,
**mit wem Sie sprechen?**" Worauf der Direktor antwortet:
„Nein!", Angestellter: „Dann habe ich ja Glück gehabt!" und
legt auf.

*indirekte Frage; Relativsatz mit Präposition;*
*Verschiebung des Satzakzents*

9 „So ein Pech! Gestern **habe** ich meine Geldbörse mit 2.000
Euro **verloren** und mein Kollege hat sie **gefunden.**" „Aber
das ist doch Glück!" „Aber jetzt suche ich meinen Kollegen!"

*Perfekt von **verlieren** und **finden**;*
*Partikel **doch***

10 Der Chef ist in Eile. Er fragt hektisch seine Sekretärin:
„Wo, zum Teufel, ist mein Bleistift?" „**Hinter** Ihrem Ohr",
antwortet sie. „Hören Sie", sagt der Chef wütend, „ich habe
keine Zeit! **Hinter** welchem Ohr?"

*Wechselpräposition **hinter** + Dativ*

11 Der Chef ist sehr dick. Er muss eine Dienstreise mit dem
Flugzeug machen. Er **bittet** seine Sekretärin, ihm zwei Plät-
ze **zu besorgen, damit** er bequem sitzen kann. Nach einer
Stunde kommt sie zurück und ruft stolz: „Ich habe sogar
noch zwei Fensterplätze bekommen!"

*__bitten__ + Infinitiv mit __zu__;*
*finaler Nebensatz mit __damit__*
*Stereotyp: dumme Sekretärin*

12 Die Sekretärin sagt zu der neuen Kollegin: „**Gehen** Sie lieber
nicht zum Chef **rein, der** hat schlechte Laune!" „**Wann** hat
er denn mal gute Laune?" „Keine Ahnung. Ich bin erst **seit**
zwei Jahren hier."

*trennbares Verb; Demonstrativpronomen **der**;*
*Fragepronomen **wann**;*
*Präposition **seit** + Dativ*

13 „Ich möchte Ihren Chef sprechen." „Das geht nicht, er ist
nicht da!" „Ich **habe** ihn doch durchs Fenster **gesehen!**" „**Er**
**Sie** auch."

*Perfekt von **sehen**; Personalpronomen*

**14**  Die Sekretärin kommt morgens ins Büro. Alles ist durcheinander, überall liegen Akten. Die Sekretärin sagt zu einem Mitarbeiter: „**Entweder wurde** hier gestern Nacht **eingebrochen, oder** der Chef hat nach Feierabend noch etwas gesucht."

*Konjunktionenpaar **entweder ... oder;***
*Vorgangspassiv von **einbrechen***
*Stereotyp: Männer sind unordentlich*

**15**  Der neue **Bürogehilfe** steht vor dem **Aktenvernichter** und weiß nicht, **wie** er das Gerät bedienen **soll**. Die Sekretärin **kommt vorbei** und fragt ihn: „Kann ich dir helfen?" „Ja. Wie funktioniert dieses Ding?", fragt der junge Mann. „Das ist ganz einfach", antwortet die Sekretärin. Sie **nimmt** ihm die Papiere **ab** und steckt sie in die Maschine. Der Bürogehilfe **freut sich** und sagt: „Danke. Und wo **kommen** jetzt die Fotokopien **raus**?"

*Komposita; Nebensatz mit **wie**;*
*Modalverb **sollen**;*
*trennbare Verben **vorbeikommen, abnehmen, rauskommen**;*
*reflexives Verb **sich freuen***

## Handwerker

*Handwerker kommen im Witz gar nicht oder zu spät (und dann machen sie etwas falsch). Gut geeignet zum Vergleich mit der Situation in den Herkunftsländern der Teilnehmer.*

**16**  Die Hausfrau **beschwert sich beim** Elektriker: „Seit einem Monat rufe ich in Ihrer Firma an, **damit** sie meine kaputte Türklingel reparieren. **Wann** kommen Sie endlich?" „Tut mir Leid", entschuldigt sich der Elektriker, „ich war schon fünfmal **bei** Ihnen, aber Sie öffnen **ja** nie!"

*reflexives Verb **sich beschweren + bei** + Dativ;*
*Nebensatz mit **damit**;*
*Fragepronomen **wann**;*
*Präposition **bei** + Dativ; Partikel **ja***

**17**  Der neue Kollege fragt: „Wie viele Leute arbeiten in dieser Firma?" „**Mit** Chef 20." „Aha. Also **ohne** Chef 19." „Nein. **Ohne** Chef arbeitet hier **keiner!**"

*Präpositionen **mit** + Dativ und **ohne** + Akkusativ; Indefinitpronomen **keiner**; Zahlwörter*
*Stereotyp: Handwerker sind faul*

**18**  Der Chef ruft seine Arbeiter zusammen. „Wir müssen heute einen 50 Meter hohen Schornstein bauen." Die Arbeiter **spucken in die Hände** und fangen an. Nach einigen Stunden, **als** sie die Höhe von 45 Metern geschafft haben, ist plötzlich der Chef wieder da und brüllt: „Halt! Alles zurück! Ich habe den Plan verkehrt herum gehalten. Es **sollte** ein Brunnen werden, Leute ..."

*idiomatische Wendung: **in die Hände spucken** (ugs.); eingeschobener Nebensatz mit **als**; Modalverb **sollen***

**19**  Der Meister sagt zum Lehrling: „So, Junge, du streichst jetzt die Fenster." Der Meister **geht weg** und **lässt** den Lehrling drei Stunden **allein**. **Als** er zurückgekommen ist, fragt der Junge: „Pardon, Chef – **hätte** ich die Rahmen auch **streichen müssen?**"

*trennbares Verb **weggehen**; Adverb + Verb **allein lassen**; Nebensatz mit **als**; Konjunktiv II (Vergangenheit) von **streichen** mit Modalverb **müssen***
*Stereotyp: Handwerker sind dumm*

**20**  „Siehst du die Fliege?" „Welche Fliege?" „**Die da.**" „Ich sehe **keine** Fliege." „Ich auch **nicht**. Chef, wir **hören auf** zu arbeiten, wir sehen **nichts** mehr!"

*Demonstrativpronomen **die** + Lokaladverb **da** (ugs.); Verneinung mit **kein** und **nicht**; trennbares Verb **aufhören** + Infinitiv mit zu; Indefinitpronomen **nichts***

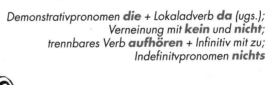

## Friseur/Barbier

*Friseure gibt es in allen Kulturen. Eine Frage zum Thema wäre: „Gibt es in Ihrem Land unterschiedliche Friseure für Männer und für Frauen?" In Deutschland existieren kaum noch Barbiere, aber in vielen anderen Ländern durchaus. Missgeschicke beim Haareschneiden sind international. Als makaber könnte empfunden werden, wenn im Witz jemand Verletzungen davonträgt.*

21   Der Kunde sagt: „Einmal rasieren, bitte!" Der Friseur fragt ihn: „Pardon, mein Herr, darf ich fragen, **ob** Sie bei uns schon **bedient wurden?**" Der Kunde antwortet: „Nein, das Ohr habe ich bei einem Verkehrsunfall verloren."

*Indirekter Fragesatz (Nebensatz) mit **ob**;*
*Vorgangspassiv im Präteritum*
*makaber*

22   Der Friseurlehrling rasiert zum ersten Mal. Nach dem **Rasieren** fragt der Kunde: „Kann ich bitte ein Glas Wasser haben?" Der Friseurlehrling antwortet: „Gern. Sie haben **wohl** Durst?" Der Kunde sagt: „Nein, ich möchte prüfen, **ob** mein Hals noch dicht ist!"

*substantiviertes Verb; Partikel **wohl**;*
*indirekter Fragesatz mit **ob***
*leicht makaber*

23   „Ihr Haar **wird** langsam grau", sagt der Friseur. „Kein Wunder bei Ihrem **Arbeitstempo**", erwidert der Kunde.

***werden** als Vollverb; Kompositum mit Fugen-**s***

## Der älteste Beruf der Welt (nein, nicht der!)

24   Drei Handwerker, ein Maurer, ein Gärtner und ein Elektriker, **diskutieren darüber**, welcher Beruf am **ältesten** ist. Der Maurer sagt: „Ich habe den **ältesten** Beruf, wir Maurer **haben** schon die Pyramiden in Ägypten **gebaut!**" Darauf sagt der Gärtner: „Mein Beruf ist noch **älter**. Wir Gärtner **haben** schon den Garten Eden **gepflanzt!**" Darauf sagt der Elektriker: „Wir Elektriker haben den **ältesten** Be-

ruf! Als Gott sprach ‚Es werde Licht', da **hatten** wir schon
vorher die Leitungen **verlegt!**"

*Verb mit Präposition **diskutieren über***
*(Präpositionalpronomen **darüber**);*
*Superlativ und Komparativ (prädikativ und attributiv);*
*Perfekt; Plusquamperfekt*
*Zum Verständnis dieses Witzes sind Bibelkenntnisse erforderlich.*

**25** Ein Chirurg, ein Architekt und ein Politiker **streiten sich
darüber**, welcher der **älteste** Beruf der Welt **sei**. Der Chir-
urg sagt: „Gott hat Adam eine Rippe entnommen und daraus
Eva **erschaffen**. Das war die erste Operation – also ist Chir-
urg der **älteste** Beruf der Welt!" Der Architekt sagt: „Bevor
Gott Adam **erschaffen** hat, **hatte** er aus dem Chaos die Welt
**erschaffen**. Also ist Architekt der **älteste** Beruf!" Der Politi-
ker sagt darauf ruhig: „Und wer, glaubt ihr, hat das Chaos ge-
schaffen?"

*unecht reflexives Verb (sich) **streiten** + über;*
*(Präpositionsalpronomen **darüber**);*
*Superlativ; Konjunktiv I;*
*nicht trennbares Verb **erschaffen** + Akkusativ;*
*Plusquamperfekt*
*Zum Verständnis dieses Witzes sind Bibelkenntnisse erforderlich.*

## Arbeitslosigkeit

*Arbeitslosigkeit ist nicht witzig, und deshalb ist sie – trotz ihrer weiten Ver-
breitung – kein gängiges Witzethema. Hier eines der wenigen Beispiele, ein
kluges aus dem akademischen Bereich. Diesen Witz bzw. diese Scherzfrage
gibt es in verschiedenen Variationen: Statt Physiker ein anderer akademi-
scher Beruf; statt Currywurstverkäufer Taxifahrer usw.*

**26** Scherzfrage:
Was sagt ein Physiker **ohne** Arbeit zu einem Physiker **mit** Ar-
beit? Antwort: „Einmal Currywurst mit Pommes frites, bit-
te."

*Präposition **ohne** + Akkusativ; Präposition **mit** + Dativ*
*Witz über die hohe Arbeitslosigkeit unter Akademikern*
*und über die unqualifizierten Jobs, die sie oft annehmen müssen*

# Ärzte

*Der Besuch beim Arzt oder ein Krankenhausaufenthalt ist eine Situation, die viele Teilnehmer aus eigener Erfahrung kennen. Über dieses Thema gibt es eine Unmenge Witze, die in zwei Kategorien unterteilt werden können:*

a) *Patientenwitze: Witze von Patienten über den (dummen, unerfahrenen, verständnislosen, grausamen) Arzt*
b) *so genannte Medizinerwitze: Witze aus der Perspektive des Arztes über (dumme, hilflose, gebrechliche) Patienten*

*In Witzebüchern und auf Internetseiten ist gerade bei diesem Thema, wegen seiner Nähe zu körperlichen Schwächen und zum Tod, ein großer Teil (wenn nicht die Mehrzahl) der Witze brutal und makaber. Bei alten Männern als Patienten ist natürlich die Impotenz das Lachthema Nr. 1, Hauptanteil der Medizinerwitze sind jedoch Witze, die auf Obszönitäten über die weibliche Sexualität und den weiblichen Körper beruhen. In diese Sammlung wurden vor allem Witze aufgenommen, die auf Schlagfertigkeit, also einer unerwarteten Antwort des Arztes oder des Patienten basieren. Sie beinhalten keine Kränkung oder Beleidigung des Patienten und der Patientin.*
*In vielen Ländern ist die Mehrzahl der Bevölkerung nicht krankenversichert, im Unterschied zu Deutschland, wo dies (noch) selbstverständlich ist. Es gibt deshalb im Deutschen heute nur noch wenige Witze über den geldgierigen Arzt, dessen Honorar seinen Patienten ruiniert.*

> Grammatische Anmerkung:
> **der Patient** gehört zu den Nomen,
> die nach der n-Deklination dekliniert werden.

## Praxis

**27**    Ein Mann **erzählt** seinem Freund: „Du, ich war eben **beim** Arzt!" „So, und **wie geht's** ihm?"

> **erzählen** + Dativ;
> Präposition **bei** + Dativ
> (Verschmelzung von Präposition und Artikel **beim**);
> **wie geht es** + Dativ
> (Zusammenziehung **geht** + **es** → **geht's**)

**28** Der Arzt fragt den Patienten: „Na, **sind** Sie **schlanker geworden, seitdem** Sie die Kalorien zählen?"
Der Patient antwortet: „Nein, aber ich kann **besser** rechnen!"

*Komparative von **schlank** und **gut** als Adverbien;*
***werden** als Vollverb im Perfekt;*
*Nebensatz mit **seitdem***

**29** Der Patient sagt zum Arzt: „Komisch, früher, **wenn** die Leute Husten **hatten, legten** sie sich **ins** Bett, **tranken** Tee und **schwitzten.**" „Und heute?", fragt der Arzt.
Patient: „Heute gehen sie **ins** Konzert, **ins** Theater, in die Oper, ins Kino…"

*Nebensatz mit **wenn, haben** als Vollverb im Präteritum;*
*Präteritum von **legen, trinken, schwitzen**;*
*Wechselpräposition **in** + Akkusativ*
*(Verschmelzung von **in** + **das** → **ins**)*

**30** Der Arzt **gibt** dem **Patienten** eine Salbe und sagt: „**Mit** dieser Salbe **müssen** Sie Ihre Schulter zweimal täglich **einreiben!**" Der Patient fragt: „**Vor** oder **nach** dem Essen?"

***geben** + Dativ; Patient: n-Deklination; Präposition **mit** + Dativ;*
*Modalverb **müssen**; trennbares Verb **einreiben** + Akkusativ;*
*Präpositionen **vor** und **nach** + Dativ; substantiviertes Verb;*

**31** Beim Arzt im Wartezimmer. Zwei Patienten, die **sich kennen, unterhalten sich.** „Na, **geht** es Ihnen wieder **gut?**"
„**Gut** nicht, **besser.**"„Ist doch **gut,** dass es Ihnen **besser** geht." „Aber besser **wäre** es, wenn es mir gut **ginge!**"

*Relativsatz; reziprok gebrauchte Verben:*
***sich kennen, sich unterhalten**;*
*Idiomatik: **gut gehen, besser gehen**;*
*Konjunktiv II von **sein** und von **gehen***

**32** Ein Mann sitzt **in** der Badewanne und schimpft: „So eine blöde Medizin – dreimal täglich 15 Tropfen **in** warmem Wasser einnehmen!"

*Wechselpräposition **in** + Dativ mit bestimmtem*
*und mit Nullartikel (und starker Adjektivdeklination);*
*Der Witz basiert auf dem Missverständnis*
*Wer/was ist „in warmem Wasser": die Tropfen oder der Mann?*

**33**    Der Arzt **rät** dem **Patienten**: „Sie **müssen** jeden Tag eine Stunde spazieren gehen!" Der Patient fragt: „**Vor** oder **nach** der Arbeit?" Der Arzt fragt zurück: „Was sind Sie von Beruf?" Der Patient antwortet: „Briefträger!"

> *raten + Dativ; Modalverb **müssen**;*
> ***Patient**: n-Deklination;*
> *Präpositionen **vor** und **nach** + Dativ*

**34**    Ein Arzt untersucht einen Patienten, **der** sehr alt ist. „Ihr **Herz** ist völlig gesund", sagt der Arzt. „Mit so einem Herzen **können** Sie bestimmt achtzig Jahre alt **werden**." Der alte Mann: „Aber ich **bin doch** schon achtzig, Herr Doktor!" Der Arzt erwidert: „**Na** sehen Sie, was habe ich Ihnen gesagt?"

> *Relativsatz; **Herz**: n-Deklination;*
> *Modalverb **können**; **werden** als Vollverb;*
> *Partikel **doch**; Interjektion **na***

**35**    Der Arzt fragt den **Patienten**: „Wie viele Stunden schlafen Sie **täglich**?" Der Patient antwortet: „Höchstens **zwei bis drei Stunden**, Herr Doktor!" Der Arzt: „Das ist zu wenig!" Der Patient: „Mir **genügt** es, **nachts** schlafe ich **ja fast neun Stunden**!"

> ***Patient**: n-Deklination;*
> *Verwechslung von **täglich** und (impliziert)*
> ***tagsüber** (als Gegensatz zu **nachts**)*
> *Zeitangaben; **genügen** + Dativ; Partikel **ja***

**36**    Der Arzt **sieht sich** die Röntgenaufnahme **an** und **wundert sich**. Er fragt den Patienten: „Sie haben ja eine Uhr im Magen! Haben Sie keine Schwierigkeiten **damit**?" Der Patient antwortet: „Doch, beim **Aufziehen**."

> *(unecht) reflexives und trennbares Verb **sich ansehen**;*
> *reflexives Verb **sich wundern**;*
> *Präpositionalpronomen **damit**;*
> *substantiviertes Verb (nach **beim**)*

**37**    Der Arzt sagt zur Patientin: „**Mit** dieser Medizin **können** Sie die ganze Nacht **durchschlafen**." Sie fragt: „Sehr gut, und wie oft muss ich sie **einnehmen?**" Er antwortet: „Etwa alle zwei Stunden."

*Präposition **mit** + Dativ;*
*Modalverb **können**; trennbares Verb **durchschlafen**;*
*trennbares Verb **einnehmen**; Modalverb **müssen**;*
*Zeitangaben*

**38** Der Patient sagt zum Arzt: „Herr Doktor, **wenn** ich Kaffee trinke, **kann** ich nachts **nicht** schlafen." Der Arzt sagt: „Komisch, bei mir ist es genau umgekehrt. **Wenn** ich schlafe, **kann** ich **keinen** Kaffee trinken."

*Nebensätze mit **wenn**; Modalverb **können**;*
*Verneinung mit **nicht** und **kein***

**39** Der Patient fragt den Arzt: „Sind **Fische gesund**, Herr Doktor?" Der Arzt antwortet: „Ich glaube schon, **bei** mir war noch **keiner als** Patient."

*Idiomatisch: **gesund sein**;*
*hier impliziert als Nahrungsmittel für den Menschen,*
*missverstanden als (prädikatives) Adjektiv zu **Fische**;*
*Präposition **bei** + Dativ; Indefinitpronomen **keiner***
*(substantivisch gebraucht);*
*Konjunktion **als***

**40** Ein Mann kommt **verzweifelt** zum Arzt und sagt: „Herr Doktor, Sie haben mir dieses Röhrchen **mit** einem **Stärkungsmittel** gegeben." Der Arzt fragt: „Ja und?" Patient: „Ich **kann** es nicht öffnen."

*Partizip II als Adverb; Präposition **mit** + Dativ;*
*Kompositum mit Fugen-s; Modalverb **können***

**41** Der Arzt fragt den Patienten: „Haben Sie meinen **Rat befolgt**, nachts **bei geöffnetem** Fenster zu schlafen?" „Ja." „Und sind die **Kopfschmerzen** nun weg?" „Die **Kopfschmerzen** nicht, aber mein **Sparbuch** und mein **Fotoapparat**."

*(einen) **Rat befolgen** + Infinitiv mit **zu**;*
*Präposition **bei** + Dativ; Partizip II als Attribut;*
*starke Adjektivdeklination; Komposita*

**42**   Ein Mann sagt zu seinem Freund: „Mein Arzt hat gesagt, **in drei Wochen** kann ich wieder laufen." Der Freund fragt: „Und, stimmt es?" Der Mann antwortet: „O ja, **als** seine Rechnung kam, **musste** ich mein Auto verkaufen."

*Zeitangabe; Nebensatz mit **als**;*
*Modalverb **müssen***
*Privatpatient, Stereotyp: der geldgierige Arzt*

**43**   Arzt: „**Ihren** letzten Scheck **hat** die Bank nicht **angenommen. Er ist zurückgekommen.**" Patient: „Dann ist es ja gut. **Mein** Asthma **ist** auch **zurückgekommen.**"

*trennbare Verben;*
***annehmen** und **zurückkommen** im Perfekt;*
*Partikel **ja**; Possesivpronomen; Privatpatient*

**44**   Das Haus hat zwölf Stockwerke. Der Fahrstuhl ist **außer** Betrieb. Ein Mann läuft die Treppen hoch bis zum neunten Stock. Er ist völlig **außer** Atem. Er klingelt, die Tür **wird geöffnet.** „**Helfen Sie mir**, Herr Doktor" stöhnt er. „Ich bin so *kurzatmig*. **Hören Sie** nur, wie ich keuche! Was kann ich dagegen tun?" „Sie **sollten** viel spazieren gehen, nicht rauchen und keinen Alkohol trinken. Als Erstes **sollten** Sie sich jedoch eine Brille kaufen." „Eine Brille...? Warum denn eine Brille?" „**Weil** ich Anwalt bin. Der Arzt hat seine Praxis im zweiten Stock."

*Wechselpräposition **außer** + Dativ;*
*Vorgangspassiv; Imperative;*
*Modalverb **sollen** im Konjunktiv II bei Ratschlägen;*
*Nebensatz mit **weil***

**45**   Ein Arzt war zur **Jagd**. „Na, wie war's?", fragt ihn **danach** seine Frau. „Ganz gut. Drei Hasen und sechs neue Patienten", antwortet er.

*Wortschatz und Begriff: **Jagd**;*
*Präpositionalpronomen **danach***
*makaber*

## Augenarzt

**46** Ein Mann aus Tschechien kommt zum Augenarzt. Der Arzt **hält** ihm die Buchstabentafel **vor, auf** der CZWXNQYSTACZ steht, und fragt ihn: „Können Sie das lesen?" „Lesen?" **ruft** der Tscheche erstaunt **aus**, „Ich **kenne** den Mann!"

*trennbare Verben* **vorhalten, ausrufen;**
*Relativsatz;* **kennen** *+ Akkusativ*
*Der Witz macht sich über die konsonantenreiche tschechische Sprache lustig.*

**47** Der Patient sagt zum Augenarzt: „Ich sehe immer schwarze Punkte **vor** meinen Augen!" Der Arzt fragt: „Hat denn die neue Brille nicht geholfen?" Der Patient antwortet: „**Doch,** ich sehe die Punkte jetzt viel **klarer.**"

*Präposition* **vor** *+ Dativ;*
*Konjunktion* **doch;**
*Komparativ als Adverb*

**48** Der Patient sagt zum Augenarzt: „Beim **Kaffeetrinken** tut mir immer das rechte Auge weh." Der Arzt antwortet: „**Versuchen** Sie **doch** mal, den Löffel aus der Tasse zu nehmen."

*zusammengesetztes und substantiviertes Verb*
**versuchen** *+ Infinitiv mit zu; Partikel* **doch**

## Orthopäde

**49** Im **Wartezimmer** sitzen zwei Patienten mit **Gipsbein.** Der **erste** sagt: „Garmisch, Skiurlaub!" Darauf der **zweite:** „Gemüsemarkt, Bananenschale!"

*Komposita; Ordnungszahlwörter;*
*Satzellipse*

## *Nervenarzt/Psychiater/Psychologe*

*Bei dieser Arztkategorie ist Vorsicht geboten. Zum einen, weil psychische Er-krankungen und das Aufsuchen eines Psychiaters in vielen Kulturen (auch der unsrigen) mit Scham verbunden sind. Zum anderen bestätigen einige der folgenden Witze das für Patienten gar nicht so witzige Stereotyp vom grau-samen Arzt.*

50 Der Patient sagt zum Arzt: „Ich **höre** immer Stimmen, **sehe** aber **niemanden**." Der Arzt fragt ihn: „Wann passiert denn das?" Der Patient antwortet: „**Immer wenn** ich telefoniere."

*hören* und *sehen* +
*Indefinitpronomen* niemand *im Akkusativ;*
*Nebensatz mit (*immer*)* wenn

51 Der Patient sagt zum Arzt: „Herr Doktor, Sie **müssen** mir **helfen**. Ich vergesse alles." Der Arzt fragt ihn: „Seit wann haben Sie **dieses** Problem?" Der Patient antwortet: „**Welches** Problem?"

*Modalverb* müssen; helfen + *Dativ;*
*Demonstrativpronomen* dieses; *Fragepronomen* welches

52 Der Patient klagt: „Herr Doktor, mein Problem ist, **dass** ich **ignoriert werde**." Der Arzt sagt: „Der **Nächste**, bitte!"

*Vorgangspassiv; Nebensatz mit* dass;
*substantiviertes Adjektiv*

53 Der Patient klagt: „Herr Doktor, **helfen** Sie mir! **Keiner versteht** mich!" Der Arzt antwortet: „Was haben Sie gesagt?"

helfen + *Dativ;* verstehen + *Akkusativ;*
*Indefinitpronomen* keiner

54 Der Patient klagt: „Herr Doktor, **niemand** mag mich." Der Arzt fragt zurück: „Was meinen Sie, **woran** das **liegen kann**? Der Patient antwortet wütend: „Das **sollen** Sie **doch** herausfinden, Sie Idiot!"

*Indefinitpronomen* niemand;
*Verb mit Präposition:* liegen an; *Präpositionalpronomen;*
woran + *indirekter Fragesatz;*
*Modalverben* können, mögen, sollen; *Partikel* doch

## Zahnarzt

**55** Der Zahnarzt sagt zum Patienten: „Warum schreien Sie **denn** so? Ich habe **doch** noch gar nicht **angefangen** zu bohren!" „Nein, aber Sie stehen **auf** meinem Fuß!", jammert der Patient.

*Partikeln **denn**, **doch**;*
*trennbares Verb **anfangen** + Infinitiv mit **zu**;*
*Wechselpräposition **auf** + Dativ*

**56** Der Zahnarzt sagt zu seinem Patienten: „Tun Sie mir bitte einen Gefallen und **brüllen Sie** mal ganz laut!" Der Patient: „Warum denn?" Die Antwort **des Zahnarztes**: „Das Wartezimmer ist voll, und ich möchte **mir in zehn Minuten** das Länderspiel im Fernsehen **anschauen**."

*Imperativ; Attribut im Genitiv;*
*unecht reflexives und trennbares Verb:*
***sich** (Dativ) **etwas** (Akkusativ) **anschauen**; Zeitangabe*
*Stereotyp: der unengagierte (Zahn)Arzt*

**57** Zahnarzt: „Ein **größeres** Loch habe ich noch nie gesehen, noch nie gesehen, noch nie gesehen!" Patient: „Das **brauchen** Sie doch nicht dreimal zu sagen!" Zahnarzt: „Das habe ich auch nicht. Das war das Echo!"

*Komparativ als Attribut; **brauchen** mit Infinitiv mit **zu**;*
*Verneinung mit **nicht**;*
*elliptischer Antwortsatz (Vollverb wird nicht wiederholt)*

## *Krankenhaus*

*In vielen Ländern haben die Krankenschwestern nicht wie in deutschen Kran-*
*kenhäusern medizinische und pflegerische Aufgaben. In chinesischen Kran-*
*kenhäusern z. B. sind die Krankenschwestern ausschließlich für die Assistenz*
*des Arztes da. Das Waschen des Patienten, seine Versorgung mit Essen,*
*Nachtwachen etc. müssen von den Angehörigen des Patienten übernommen*
*werden.*

58    „Ich **gratuliere** Ihnen", sagt der Arzt **zum** Fleischer, „Sie
      **haben** einen Sohn. Er wiegt sieben Pfund!" „Sieben Pfund?"
      staunt der Fleischer. „Mit oder ohne Knochen?"

*gratulieren* + Dativ;
Präposition *zu* (verschmolzen mit *dem*) + Dativ;
*haben* als Vollverb + Akkusativ
makaber

59    Der Sportler liegt **im Krankenhaus**. Ein Arzt untersucht
      ihn. „**Donnerwetter!**", ruft der Arzt. „Sie haben 41 Grad
      Fieber!" „Und wie hoch ist der **Weltrekord?**", fragt der
      Sportler **mit** schwacher Stimme.

Wechselpräposition *in* (verschmolzen mit *dem*)+ Dativ;
Komposita; Präposition *mit* + Dativ

60    **Als** der **Patient** aus der Narkose aufwacht, sagt der **Chirurg**
      zu ihm: „Die Operation ist sehr gut gelungen." Der Patient
      antwortet: „Das ist ja schön. Aber ich **war** nur **hergekom-**
      **men**, um die Fenster zu streichen."

Nebensatz mit *als* (Gleichzeitigkeit, Präsens);
der *Patient*, der *Chirurg*: n-Deklination;
Plusquamperfekt des trennbaren Verbs *herkommen*

61    Vor der Operation. Der Patient zieht seine Geldbörse aus der
      Tasche. „Jetzt **brauchen** Sie noch nicht **zu** zahlen", sagt der
      Arzt. „Das weiß ich, ich **will** nur vor der Narkose mein Geld
      zählen!"

*brauchen* + Infinitiv mit *zu*; Modalverb *wollen*
Privatpatient, Stereotyp: geldgieriger Arzt

**62** Im Krankenhaus: eine Krankenschwester, ein total nervöser
Arzt. Der Arzt brüllt: „Schwester, **kommen Sie** sofort her!"
Die Schwester sagt: „Ja, Herr Doktor?" Der Arzt: „**Geben Sie**
mir mal ein Stück Papier!" (Er schreibt etwas.) Die Schwe-
ster: „Aber Herr Doktor...." Der Arzt: „Bitte **unterbrechen
Sie** mich **nicht**!" Die Schwester: „Ja, aber Herr Doktor ..."
Der Arzt: „Sie **sollen** mich **doch nicht** unterbrechen!"
Die Schwester: „Aber Herr Doktor, Sie schreiben **ja** mit dem
Fieberthermometer!" Der Arzt: „Na, dann **gehen Sie mal**
auf die Station zu den Patienten und gucken, wo mein Kuli
steckt!"

*Imperative; Verneinung mit **nicht**;*
*Modalverb **sollen**; Partikeln **doch, ja, mal***
*Stereotyp: der hektische, ungeduldige Krankenhausarzt*

**63** Der Patient **auf** dem Operationstisch beobachtet **mit wach-
sender** Besorgnis die vielen Vorbereitungen. „Verzeihen Sie
meine Aufregung!", sagt er. „Es ist meine erste Operation."
Der Arzt antwortet ihm **beruhigend**: „Keine Angst – meine
auch!"

*Wechselpräposition **auf** + Dativ;*
*Präposition **mit** + Dativ;*
*Partizip I als Attribut; Partizip I als Adverb;*
*elliptischer Antwortsatz*

**64** Der Chefarzt kommt ins Krankenzimmer und **fragt** die
Schwester: „Ist das der berühmte Boxer, **der** von einem Auto
**angefahren wurde**?" Sie antwortet: „Nein, das ist der Auto-
fahrer, **der** den berühmten Boxer angefahren hat."

***fragen** + Akkusativ;*
*Vorgangspassiv Präteritum; Relativsätze*

**65** Vor der Operation fragt der Patient den Arzt: „Herr Doktor,
**werde** ich nach der Operation meinen Arm wieder bewegen
können?" Der Arzt beruhigt den Patienten: „Aber ja, Sie
**können** sogar Tennis spielen." Der Patient **freut sich**:
„Wunderbar, **das konnte** ich vorher nicht!"

*Futur I; Präsens und Präteritum des Modalverbs **können**;*
*reflexives Verb **sich freuen**;*
*Demonstrativpronomen **das***

66 „Was **würdet** ihr **tun**, wenn euch der Arzt **sagte**, ihr **hättet** nur noch ein Jahr zu leben?", fragt eine Frau ihre Freundinnen. Die **erste** sagt: „Also, ich **würde** alles verkaufen, was ich habe, und nach Mallorca fliegen und dort wie eine Königin leben!" „Nur noch ein Jahr?", sagt die **zweite**. „Ich **würde** eine Weltreise machen!" „Ich", sagt die **dritte**, „würde **mir** einen anderen Arzt **suchen**."

*Konjunktiv II (Wünsche);*
*Ordnungszahlwörter;*
**sich** *(freier Dativ)* **jemanden** *(Akkusativ)* **suchen**

67 Eine ältere Dame hatte einen Herzinfarkt. Sie wird in ein Krankenhaus eingeliefert und muss operiert werden. Auf dem Operationstisch hat sie eine Vision von Gott, und sie fragt ihn: „Gott, wie lange habe ich noch zu leben?" – Gott antwortet ihr: „Noch 40 Jahre, zwei Monate und acht Tage." Nachdem die Frau sich wieder erholt hat, beschließt sie, in der Klinik zu bleiben und sich das Gesicht straffen und am Bauch Fett absaugen lassen. Sie bestellt einen Friseur und bekommt einen neuen Haarschnitt und eine neue Haarfarbe. Eine Kosmetikerin kommt zu ihr und macht ihr ein neues Make-up. Sie wird entlassen.

Auf dem Nachhauseweg überquert sie eine Straße, wird von einem Auto angefahren und stirbt sofort.

Als sie im Himmel ist und Gott gegenübersteht, fragt sie ihn: „Gott, warum hast du mich von dem Auto überfahren lassen? Du hattest mir doch gesagt, dass ich noch über 40 Jahre leben werde!"

Gott sagt: „Ich habe dich nicht erkannt."

*Zeitenwechsel (Präsens, Präteritum,*
*Perfekt, Plusquamperfekt, Futur I) u.v.a.*
*Ein wegen seiner Länge und Komplexität sowie seines begrifflichen Hintergrundes*
*nicht einfacher Witz, also eher für Fortgeschrittene geeignet.*
*Nicht für Teilnehmer, die das Auftreten von Gott in einem Witz*
*als blasphemisch ansehen!*

# Auto und Verkehr

## *Führerschein*

**68** Ein **Sechzehnjähriger** fährt mit dem Auto umher, **bis** ihn
ein Polizist **anhält** und fragt: „Kann ich **mal** Ihren Führer-
schein sehen?" Der junge Mann antwortet: „Wieso? Ich den-
ke, den kriegt man erst mit achtzehn!"

*substantivertes Adjektivkompositum;*
*Nebensatz mit **bis;***
*trennbares Verb **anhalten** + Akkusativ;*
*Partikel **mal***

## *Autoreparatur*

**69** Der **Automechanikermeister** sagt zu seinen Lehrlingen:
„Heute üben wir das **Kopfschütteln** beim **Öffnen** der **Mo-
torhaube.**"

*Komposita;*
*substantivierte Verben*

**70** „Gestern **sind** wir stundenlang **durch** den Wald **gelaufen.**"
„War das Auto wieder kaputt?"

*Perfekt von **laufen;***
***durch** + Akkusativ*

**71** *längere Variante:*
„Welchen Beitrag zum Umweltschutz leistet denn eure Fa-
milie?", will der Lehrer wissen. – „**Seitdem** mein Vater un-
ser Auto selber repariert", meldet sich ein Schüler zu Wort,
„gehen wir immer zu Fuß!"

*Nebensatz mit **seitdem** (Gleichzeitigkeit);*
***sich zu Wort melden, zu Fuß gehen***

## *Einparken*

**72** Ein **Autofahrer** rammt beim **Einparken** einen anderen Wagen. Sofort sammeln sich **Neugierige** um ihn. Vor ihren Augen schreibt der Autofahrer einen Zettel, klemmt ihn hinter den **Scheibenwischer** des gerammten Wagens und fährt davon. Als der Besitzer zu seinem beschädigten Auto kommt, sieht er den Zettel hinter seiner Windschutzscheibe. Er nimmt ihn und liest: „Dies schreibe ich, **damit** die Zuschauer denken, ich hinterlasse meine Adresse. Das war ein Irrtum."

*substantiviertes Verb; substantiviertes Adjektiv;*
*Komposita; finaler Nebensatz mit **damit***
*Thema: Fahrerflucht (kann man auch nicht witzig finden;*
*eventuell in der Gruppe diskutieren)*

**73** „**Einparken** ist für mich kein Problem", sagt ein Mann stolz **zu** seinen Freunden. „Nur das **Knallen** stört mich immer ein bisschen!"

*substantivierte Verben;*
*Präposition **zu** + Dativ*

## *Autofahren*

**74** **Nachdem** zwei Fahrzeuge nur Millimeter voneinander entfernt zum Stehen gekommen sind, **brüllen sich** die Fahrer **an**. „Haben Sie überhaupt schon einmal eine Fahrprüfung gemacht?!", schreit der eine. Der andere brüllt zurück: „Bestimmt schon öfter **als** Sie!"

*Nebensatz mit **nachdem**;*
*trennbares (reziprok gebrauchtes) Verb **(sich) anbrüllen**;*
*Satzellipse; Komparativ mit **als***

**75** Ein Kind **kommt von** einer Autofahrt **mit** seinem Vater **zurück** und erzählt zu Hause: „Es war ganz toll, unterwegs haben wir drei Idioten, sechs blöde Affen und acht Schwachköpfe überholt!"

*Präpositionen **von**, **mit** + Dativ;*
*trennbares Verb **zurückkommen**; Wortschatz: Schimpfwörter*

**76** Ein Ehepaar fährt auf der Autobahn. Der Wagen vor ihm **fängt an** zu schleudern und landet fast an der Leitplanke. Da sagt der Mann zu seiner Frau: „Hast du das gesehen? So fahren **doch** nur Frauen!" „Aber da saß doch ein Mann am Steuer!", protestiert sie. „Wirklich? Bist du sicher? Dann war **es eben** ein Mann, der wie eine Frau fuhr!"

*trennbares Verb **anfangen** + Infinitiv mit **zu**;*
*Partikeln **doch**; Adverb **eben**; Personalpronomen **es***
*Stereotyp: Frauen können nicht Auto fahren*

**77** „Wie lange hat Ihre Frau Auto fahren gelernt?" „Im nächsten August sind **es** zwölf Jahre."

***lernen** mit Infinitiv ohne **zu**; Personalpronomen **es***
*als grammatisches Subjekt*
*Stereotyp: Frauen lernen nie Auto fahren*

## Lastkraftwagen (LKW)

**78** Ein Lastwagen **nähert sich** einer Unterführung. „Mist", meint der Fahrer, „jetzt müssen wir umkehren. Die Unterführung **ist** nur für 3,20 Meter **zugelassen** und mein Laster hat 3,60 Meter!" „Ach", meint sein Beifahrer, „**sei doch** nicht **so** ängstlich. **Gib** Gas und **fahr** durch – weit und breit ist kein Polizist zu sehen!"

*(unecht) reflexives Verb (**sich**) **nähern** + Dativ;*
*Zustandspassiv; Imperative;*
*Partikel **doch***

## Öffentlicher Personennahverkehr (ÖPNV)

**79** Fahrscheinkontrolle in der U-Bahn: „Nein, mein Junge, für einen Kinderfahrschein bist du schon viel **zu groß**!" „Na, dann **hören Sie** bitte **auf**, mich zu duzen."

***zu** + Adjektiv;*
*trennbares Verb **aufhören** + Infinitiv mit **zu**;*
*Imperativ*

**80** Rambo **steht an** der Bushaltestelle und **wartet auf** den Bus. Der Bus kommt. Rambo steigt ein. Der Busfahrer sagt: „2,60 Euro bitte." Rambo sagt finster: „Rambo zahlt heute **nicht**."

Der Busfahrer hat Angst und sagt **nichts** mehr. Am nächsten Tag passiert das Gleiche. Der Busfahrer sagt vorsichtig: „2.60 Euro bitte." Rambo: „Rambo zahlt heute nicht." Der Busfahrer hat wieder solche Angst, **dass** er **nichts** mehr sagt. Am dritten Tag passiert wieder das Gleiche. Der Busfahrer sagt: „2,60 Euro!" – Rambo: „Rambo zahlt heute nicht." Nun nimmt der Busfahrer allen Mut zusammen und fragt: „Aber warum zahlt Rambo denn nicht?" Rambo antwortet: „Rambo hat 'ne Monatskarte."

*Verben mit Präpositionen:*
**stehen an** *(+ Dativ);* **warten auf** *(+ Akkusativ)*
*Verneinung mit **nicht**;*
*Indefinitpronomen **nichts**;*
*Nebensatz mit **dass**;*
*Verkürzung **eine** → '**ne** (ugs.)*
*Vorwissen: Rambo (aus der gleichnamigen Filmserie)*
*ist der Name eines Vietnamveteranen, gespielt von Sylvester Stallone.*
*Der Name ist sprichwörtlich geworden für einen gewalttätigen,*
*starrköpfigen Einzelgänger.*

# Einkaufen

## *Markt*

**81**    *Version 1: Auf dem Markt*
Kundin: „Sind **das deutsche** oder **spanische** Tomaten?"
Verkäufer: „**Wollen** Sie **die** Tomaten essen oder mit ihnen
sprechen?"

*Demonstrativpronomen **das**; starke Adjektivdeklination;
Nullartikel und bestimmter Artikel (Tomaten – **die** Tomaten);
Präsens mit Futurbedeutung;
Modalverb **wollen***

**82**    *Version 2: An einem Gemüsestand auf dem Markt*
Die Kundin **will** wissen: „Sind **das deutsche** oder **spani-
sche** Tomaten?" Der Händler **antwortet** mürrisch: „Na,
**fragen Sie** sie **doch mal!**"

*Modalverb **wollen**;
Demonstrativpronomen **das**; starke Adjektivdeklination;
Imperativ; Partikeln: **doch, mal***

**83**    Eine Kundin **möchte** auf dem Markt drei Hähnchen kaufen.
Die Marktfrau sagt zu **ihr**: „Ich habe leider nur noch sechs
Hähnchen zur Auswahl hier." „Das sind genug für **mich**",
sagt die Kundin. „Bitte **suchen Sie mir** die drei **ältesten
aus.**" Die Marktfrau **freut sich** und sagt: „Hier bitte. **Darf**
ich **sie Ihnen** gleich **einpacken?**" Die Kundin antwortet:
„Nicht nötig. Ich nehme die drei anderen."

*Modalverb **mögen** (Konjunktiv II); Imperativ;
trennbare Verben: **jemandem** (freier Dativ)
**etwas** (Akkusativ) **aussuchen, einpacken**;
reflexives Verb **sich freuen**; Superlativ als Attribut;
Modalverb **dürfen**; Personalpronomen im Dativ und Akkusativ*

## *Lebensmittelgeschäft*

**84**    Die Verkäuferin fragt **zweifelnd** das Kind: „Bist du ganz si-
cher, **dass** du fünf Kilo Bonbons und 200 Gramm Kartoffeln
holen **sollst?**"

*Partizip I als Adverb; Nebensatz mit **dass**;
Modalverb **sollen***

**85** Ein Mann sagt zur Verkäuferin: „Ein **halbes Kilo** Milch bitte!" Die Verkäuferin antwortet: „Milch **wird** nicht **gewogen**, sondern **gemessen**!" Darauf sagt der Mann: „Gut, dann einen **halben Meter** Milch, bitte!"

*Vorgangspassiv; Maßeinheiten*

**86** Eine Frau kommt kurz vor **Ladenschluss** in eine Fleischerei. Sie sagt: „Gott sei Dank, dass Sie noch **aufhaben**! Haben Sie eine **Lammkeule**?" Der Fleischer geht zur **Tiefkühltruhe**, **nimmt** die einzige, letzte Lammkeule **heraus**, legt sie auf die Waage und sagt: „Sie wiegt ein Kilo." „Haben Sie keine **größere**?", fragt die Frau. Der Fleischer **bringt** die Lammkeule zur Tiefkühltruhe **zurück**, **legt** sie **hinein** und **nimmt** sie wieder **heraus**. Er legt sie auf die Waage, nur diesmal drückt er mit seinem Daumen auf die Lammkeule. Die Skala **zeigt** zweieinhalb Kilo **an**. „Wunderbar", sagt die Kundin. „Ich nehme beide."

*Komposita;*
*trennbare Verben: **aufhaben, herausnehmen, zurückbringen,** **hineinlegen, anzeigen**; Komparativ als Attribut*
*Thema: Betrug,*
*eine Lammkeule wiegt im Durchschnitt 1 bis 1,5 kg.*

## Supermarkt

**87** In der Lebensmittelabteilung sucht ein Mann verzweifelt das Regal mit den Gewürzen. Plötzlich **läuft** eine Verkäuferin **vorbei**, sie hat ein Handy am Ohr. Sie beachtet den Kunden nicht. Da **ruft** er **hinter ihr her**: „Ich **hätte** gern ihre Telefonnummer!" Die Verkäuferin fragt: „Warum?" „**Damit** ich Sie fragen kann, **wo** Paprika und Curry stehen."

*trennbares Verb **vorbeilaufen**;*
*etwas **hinter jemandem her rufen**;*
*Konjunktiv II; finaler Nebensatz mit **damit**; indirekter Fragesatz*

**88** Ein Mann steht an der Supermarktkasse und sagt zu der Kassiererin: „Warum sagen Sie, **dass** mein 30-Euro-Schein falsch ist, **wenn** Sie noch nie einen gesehen haben?"

*Nebensätze mit **dass** und **wenn***

## Blumengeschäft

**89** Der Kunde **beschwert sich**: „Die Blumen, **die** ich erst ge-stern gekauft habe, sind heute schon total welk!" Der Blu-menhändler antwortet: „Komisch, bei mir **haben** sie zwei Wochen **geblüht!"**

*trennbares reflexives Verb **sich beschweren**;*
*eingeschobener Relativsatz; Perfekt*

## Drogerie

**90** „Bitte fünf Pakete Mottenkugeln!" „Aber Sie **haben doch** ge-stern **erst** zehn **gekauft**?!" „Ja, – aber ich **treffe** so schlecht!"

*Perfekt; Partikeln **doch, erst, treffen = zielen***

## Bekleidungsgeschäft

**91** Der Kunde fragt den Verkäufer: „**Kann** ich die Hose **im Schaufenster anprobieren?**" Der Verkäufer antwortet: „Natürlich, aber wir haben auch **Umkleidekabinen!"**

*Modalverb **können**; Wechselpräposition **in**
(verschmolzen mit Artikel **dem**) + Dativ; Komposita;
Verwechslung: **im Schaufenster** als Attribut zu **Hose** bzw.
als (lokale) Adverbialbestimmung; trennbares Verb **anprobieren***

**92** Der Verkäufer sagt: „Diese Hose passt **doch** wunderbar!" Der Kunde erwidert: „Ich weiß nicht recht. Hier unter dem Arm ist sie ein bisschen eng."

*Partikel **doch***

## Schuhgeschäft

**93** Der Lehrling sagt zum Chef: „Der Kunde **hat** die Schuhe **ge-kauft**, aber er **bringt** das Geld erst morgen." „Idiot! Der **kommt doch** nie **wieder!**" „**Doch.** Ich habe ihm zwei linke Schuhe **eingepackt.**"

*Perfekt; Präsens mit Futurbedeutung;
trennbare Verben **wiederkommen, einpacken**;
**doch** als Partikel und Konjunktion*

## *Spielwarengeschäft*

**94** Ein Mann kommt in ein **Spielwarengeschäft** und sagt: „Ich hätte gern **Geduldsspiele**, aber dalli, dalli!"

*Komposita;*
*Varianten für **dalli dalli**:*
***zack zack! ein bisschen plötzlich!***

## *Kaufhaus*

**95** Ein Kunde kommt **an** den Informationsstand und fragt: „Kann man hier Fahrkarten kaufen?" Die Angestellte antwortet: „Selbstverständlich. Das Reisebüro **ist in** der vierten Etage. Wollen Sie **mit** dem Fahrstuhl fahren?" Kunde: „Nein, **mit** der Bahn."

*Wechselpräpositionen **an** + Akkusativ, **in** + Dativ;*
*Präposition **mit** + Dativ*

**96** *In der Stoffabteilung.*
Kundin: „Der Stoff hat **ja** eine gute Qualität, aber die Farben **gefallen** mir nicht." Verkäuferin: „Keine Sorge, die **gehen** beim ersten **Waschen** sowieso **heraus**."

*Partikel **ja**;*
*nicht trennbares Verb **gefallen** + Dativ;*
*substantiviertes Verb **Waschen**;*
*trennbares Verb **herausgehen***

**97** *In der Elektro-Abteilung*
Ein Mann will **sich** einen neuen Rasierapparat **kaufen**. Der Verkäufer zeigt ihm einen Rasierer und sagt: „Nehmen Sie doch **diesen**! Über tausend Kunden **haben** schon gute Erfahrungen damit **gemacht**!" „Nein danke, ich möchte lieber **einen neuen**!"

***sich** (freier Dativ) **etwas** (Akkusativ) **kaufen**;*
*Demonstrativpronomen **dieser**;*
*Perfekt; Adjektiv + unbestimmter Artikel*
*(ohne Wiederholung des Substantivs);*
*Satzellipse*

## Fotogeschäft

9⑧ Ein Mathematiklehrer geht in ein Fotogeschäft. Er **will** einen Film für seinen Fotoapparat kaufen. „Vierundzwanzig mal sechsunddreißig?", **fragt ihn** der Verkäufer. Der Mathematiklehrer antwortet: „Das macht achthundertvierundsechzig. Aber warum **fragen** Sie **mich** das?"

*Modalverb **wollen**; **fragen** + Akkusativ;*
*Verwechslung: Fotogrößenmaße und Multiplikation*

## Optiker

99 Der Optiker sagt zu seinem Sohn: „**Wenn** der Kunde die Brille probiert hat und nach dem Preis fragt, dann sagst du: ‚200 Euro'. Dann wartest du. **Wenn** der Kunde **sich** nicht **beschwert**, dann sagst du: ‚Für die Fassung, die Gläser kosten auch 200 Euro'. Dann wartest du wieder, und **wenn** er immer noch nichts sagt, erklärst du: ‚Für jedes einzelne!' "

*Nebensätze mit **wenn**;*
*reflexives Verb **sich beschweren**; Satzellipse*

## Zoohandlung

1⓪⓪ Die Kundin **beschwert sich**: „Ich **habe letzte Woche** einen Papagei bei Ihnen **gekauft**. Er spricht sehr viel, und er sagt immer nur schlechte Wörter!" Der Verkäufer erwidert: „**Das** ist doch nicht so schlimm, meine Dame. **Seien Sie** froh, **dass** er nicht auch noch trinkt und spielt!"

*reflexives Verb **sich beschweren**; Perfekt;*
*Zeitangabe; Demonstrativpronomen **das**; Imperativ; Nebensatz mit **dass***
*nicht witzig für Teilnehmer, die nicht über das Alkoholtrinken oder Glücksspiel lachen*

1⓪1 Kunde: „**Haben** sie einen **sprechenden** Papagei?" Verkäufer: „Nein, aber ich **habe** einen Specht." Kunde: „Kann der denn sprechen?" Verkäufer: „Nein, aber morsen."

*Partizip I als Attribut; **haben** als Vollverb*

**102** „Wie geht das Geschäft?" „Ich bin zufrieden. **Morgens** verkaufe ich drei **Brieftauben** und **abends** sind sie wieder **da**."

*Kompositum;*
*Zeitadverbien; Lokaladverb **da** (= hier)*
*Thema: Betrug*

### Der Staubsaugervertreter

**103** Ein **Staubsaugervertreter** kommt in ein Haus in einem **abgelegenen** Dorf in den Bergen. Er erklärt der **Hausfrau** die Qualität **seines Gerätes** und schüttet dann einen Haufen Schmutz auf den Teppich: Staub, **Eierschalen**, Steine und Sand. „Gnädige Frau", sagt er, „ich fresse diesen Dreck, **wenn** mein **Staubsauger** dies alles nicht blitzblank wieder wegsaugt. Die Frau dreht sich um und geht aus dem Zimmer." „Wohin gehen Sie denn?", fragt der Vertreter. „In die Küche. Ich hole Messer und Gabel. Wir haben nämlich keinen Strom!"

*Komposita; Partizip II als Attribut:*
***abgelegen** (stark flektiert: ‚weit entfernt, einsam')*
*≠ **abgelegt** (schwach flektiert: ‚außer Gebrauch');*
*Attribut im Genitiv; Nebensatz mit **wenn***
*für Fortgeschrittene*

# Geld

**104** „Wie viel Geld **brauchen** Sie **im** Monat?" „Woher soll ich das wissen, so viel habe ich noch nie gehabt!"

*brauchen als Vollverb; im = pro*

**105** Ein Mann sagt zu seinem Freund: „Stell dir vor, du findest einen 1.000-Euro-Schein in deiner **Hosentasche**. Was **würdest** du tun?" Der Freund antwortet: „Ich **würde** mich fragen, **wessen** Hose ich **anhabe**."

*Kompositum; Konjunktivumschreibung mit **würde**;*
*indirekter Fragesatz (mit Interrogativpronomen im Genitiv);*
*trennbares Verb **anhaben***

**106** Ein Mann sagt zu seinem Nachbarn: „Unser **Traum von** einer teuren Wohnung **geht** jetzt **in Erfüllung**." „Habt ihr **etwa** im Lotto gewonnen?" „Nein, der Hausbesitzer hat die Miete erhöht."

*Traum + Präposition **von**; in Erfüllung gehen;*
*idiomatische Wendung: Partikel **etwa***

**107** Ein Mann sagt zu seinem Freund: „Ich **wünschte**, ich **hätte** so viel Geld, dass ich **mir einen Elefanten kaufen könnte**!" Der Freund erwidert: „**So** ein Quatsch, was willst du denn mit einem **Elefanten**?" Der Mann sagt: „Den **Elefanten** will ich **ja auch** gar nicht, aber das Geld!"

*Konjunktiv II;*
*sich (freier Dativ) etwas (Akkusativ) **kaufen**;*
*der **Elefant**: n-Deklination; Partikeln **so**, **ja**, **auch***

**108** Ein Mann fragt seinen Freund, **der** traurig aussieht: „Warum bist du so deprimiert?" „Ich habe **vor zwei Wochen** eine Million geerbt und **vor einer Woche** anderthalb Millionen im Lotto gewonnen." „Na und, da **müsstest** du **doch** glücklich sein!" „**Eben** nicht, **diese Woche** ist gar nichts."

*Relativsatz; Zeitangaben;*
*Modalverb **müssen** im Konjunktiv II (Vermutung);*
*Partikel **doch**; Adverb **eben***

**109** „Hast du gehört, dass die Witwe Müller ihrem Hund drei-
hunderttausend Euro **vermacht hat?**" „Ja, aber es **soll**
Schwierigkeiten geben. Der Papagei hat das Testament **an-
gefochten.**"

*nicht trennbares Verb:* **jemandem** *(freier Dativ)*
**etwas** *(Akkusativ)* **vermachen;**
*Modalverb* **sollen** *(Gerücht);*
*trennbares Verb* **etwas anfechten** *+ Akkusativ*

**110** „Ich mache einen **Französischkurs**, meine Schwester
macht einen **Englischkurs**, meine Mutter macht einen
**Kochkurs** und mein Vater macht Konkurs."

*Komposita; Wortwitz* **Kon-Kurs**
*Ein Konkurs ist, wie die Arbeitslosigkeit, nicht unbedingt witzig.*

**111** Eine Frau erzählt ihrer Freundin: „Du, gestern war ich **bei**
einem amerikanischen Multimillionär zum Essen." Die
Freundin sagt: „Toll! Wie heißt er **denn?**" Die Frau antwor-
tet: „McDonald."

*Präposition* **bei** *+ Dativ; Partikel* **denn**
*Anmerkung:*
*McDonald's ist eine international verbreitete amerikanische Fast-Food-Kette.*
*Zusätzliche Informationen: 2002 gab es bundesweit über 1.200 Filialen.*
*Das erste Geschäft wurde 1948 in San Bernardino, Kalifornien, USA, eröffnet,*
*die erste deutsche Filiale 1971 in München.*

**112** In Amerika. Der **Hoteldirektor** klopft dem neuen **Teller-
wäscher** auf die Schulter. „Kopf hoch, mein Junge! Wir sind
hier in Amerika, **dem Land der unbegrenzten Möglich-
keiten**. Ich habe auch mal **als Tellerwäscher** angefangen!"
Der **Tellerwäscher** antwortet: „Wie schön für Sie! Ich habe
mal **als** Millionär **angefangen!**"

*Komposita; Partizip II als Attribut;*
*trennbares Verb* **anfangen** *+ Präposition als;*
*Appositionen im Dativ und Genitiv*

**113** Frage: Kann eine Frau ihren Mann **zum** Millionär **machen?**
Antwort: Ja, **wenn** er vorher Milliardär war.

*idiomatisch: jemanden (Akkusativ)* **zu etwas** *(Dativ)* **machen;**
*Nebensatz mit* **wenn**
*Stereotyp: (Ehe)Frauen beuten ihren Mann aus*

# Familie

**114** „Warum schreit Ihr Baby **denn** so?" „Es **bekommt** Zähne."
„Na und, will es **denn** keine?"

> *Partikel **denn**;*
> *(in zwei Bedeutungen: **eigentlich/überhaupt** ≠ **etwa**);*
> *nicht trennbares Verb **bekommen** + Akkusativ; Satzellipse*

**115** „Ich habe gehört, **dass** deine Frau ein Baby **bekommen** hat!
– Junge oder Mädchen?" „Was **denn** sonst?"

> *nicht trennbares Verb **bekommen** + Akkusativ;*
> *Nebensatz mit **dass**; Nullartikel; Partikel **denn**;*
> *Adverb **sonst**; Satzellipse*

**116** Zwei Männer **unterhalten sich**. Der eine fragt den anderen,
**der** Vater einer vierzehnjährigen Tochter ist: „Wie **kommen**
Sie **mit** der Erziehung Ihrer Tochter **zurecht**?" „Bestens.
Ich **gehorche** ihr jetzt **aufs Wort**."

> *reziprok gebrauchtes nicht trennbares Verb **sich unterhalten**;*
> *trennbares Verb **zurechtkommen** + Präposition **mit** + Dativ;*
> *Relativsatz; Adverb **bestens**;*
> *nicht trennbares Verb (**aufs Wort**) **gehorchen** + Dativ*

**117** Ein reicher Mann prahlt: „Meine Frau **zieht sich** am Tag
viermal **um**!" Einer seiner Zuhörer sagt darauf: „Na ja, so
**doll** ist das **ja auch** nicht. Meine Tochter hat sechsmal am
Tag **Kleiderwechsel**." „So? Wie alt ist sie denn?" „Zwei Monate."

> *unecht reflexives, trennbares Verb **sich umziehen**;*
> ***doll** (ugs.) für **toll**; Partikeln **ja, auch**;*
> *Kompositum*

**118** „Warum sagst du, **dass** dein Bruder ein entfernter Verwandter von dir **sei**?" „Na, er lebt in Südafrika und ich in München."

> *Nebensatz mit **dass**; Konjunktiv I bei indirekter Rede;*
> *Doppelsinn von **entfernt** (räumlich ≠*
> *den Verwandtschaftsgrad betreffend)*

**119** Ein Student, **der** durchs Examen gefallen ist, telegrafiert seinem Bruder: „Nicht bestanden – stopp – **bereite** Vater **vor** – stopp!" Der Bruder telegrafiert zurück: „Vater **vorbereitet** – stopp – **bereite dich vor** – stopp!"

*eingeschobener Relativsatz;*
*unecht reflexives trennbares Verb + Akkusativ:*
*jemanden vorbereiten/sich vorbereiten;*
*Imperative; Telegrammstil: Satzellipsen*

**120** „Mein Onkel **ist** vor 30 Jahren nach Amerika **ausgewandert, und** er **hatte** damals nur ein kaputtes Oberhemd. Heute hat er schon 20 Millionen!" „Das ist **ja** interessant, **aber** was will er **denn** mit 20 Millionen kaputten Oberhemden?"

*Perfekt; Präteritum; Präsens;*
*trennbares Verb auswandern;*
*Hauptsätze nach und, aber;*
*Partikeln: ja, denn*

**121** Der Onkel **ist** schon seit mehreren Wochen **zu Besuch bei** seinen Verwandten. Die haben nun langsam genug und möchten, **dass** er wieder nach Hause fährt. Sie fragen ihn: „Onkel, **hast** du nicht langsam **Sehnsucht nach** deiner Frau?" Er sagt: „Das ist sehr lieb von euch, ich werde ihr gleich schreiben, **dass** sie auch kommen **soll**."

*(zu Besuch sein) bei + Dativ;*
*Nebensätze mit dass;*
*(Sehnsucht haben) nach + Dativ;*
*Modalverb sollen*

# Frauen und Männer

*Zu diesem Thema sind im Internet und in Witze-Büchern Tausende von aggressiven „anzüglichen" Witzen zu finden, so gut wie alle auf Kosten der Frauen.*

*Immanuel Kant zum Thema:*
*Lachen ist männlich, Weinen dagegen weiblich.*

## Adam und Eva
*(Vorwissen: Bibelkenntnisse: Adam, Eva, Paradies)*

**122** Adam und Eva **gehen** im Paradies **spazieren**. „**Liebst** du mich?", fragt Eva. „Dumme Frage, wen sonst?", antwortet Adam.

*spazieren gehen*
*lieben + Akkusativ*

**123** Der Mann sagt zu Gott: „Warum **hast** du die Frauen so schön **erschaffen**? Gott antwortet: „Damit du sie **liebst**." Der Mann sagt zu Gott: „Aber warum **hast** du sie so dumm **erschaffen**?" Gott antwortet: „**Damit** sie dich **lieben**."

*Perfekt;*
*nicht trennbares Verb erschaffen + Akkusativ;*
*lieben + Akkusativ; Nebensatz mit damit*

**124** Frage: Warum **wurde** Adam zuerst **erschaffen**? Antwort: **Um** ihm Gelegenheit **zu** geben, einige Worte **zu sagen**.

*Vorgangspassiv; Präteritum;*
*um + Infinitiv mit zu; Nullartikel*
*Stereotyp: Frauen reden viel*

## Anmachen

**125** Ein Mann möchte eine Frau kennen lernen und fragt sie: „Ich **schreibe** zur Zeit **an** einem Telefonbuch. Darf ich Sie um Ihre Nummer **bitten**?"

*Verben mit Präposition: schreiben an + Akkusativ;*
*jemanden (Akkusativ) um etwas (Akkusativ) bitten*

## Die neue Freundin/der neue Freund

**126** Ein Mann **sagt zu** seinem Freund: „Du, meine neue Freundin ist ein Zwilling." „Und wie kannst du sie **von** dem anderen Zwilling **unterscheiden?**" „Ganz einfach. Ihr **Bruder hat** einen Bart."

*Verben mit Präpositionen:*
**sagen** + **zu** + *Dativ;* **unterscheiden** + **von** + *Dativ;*
**haben** *als Vollverb*

**127** Der jüngere Bruder sagt zu seiner großen Schwester: „Dein Freund wartet **schon seit** einer Stunde auf dich. Damit er **sich** nicht **langweilt**, habe ich ihm dein Tagebuch zum **Lesen gegeben.**"

*Partikel* **schon**; *Präposition* **seit** + *Dativ;*
*(unecht) reflexives Verb* **sich langweilen**;
*substantiviertes Verb* **lesen**;
**jemandem** *(Dativ)* **etwas** *(Akkusativ)* **geben**

## Verheiratet

**128** Die Ehefrau sagt zu ihrem Mann: „Du, ich finde es nicht gut, **dass** du immer sagst, ‚**mein** Haus', ‚**mein** Auto'. Alles, was wir haben, **gehört** uns **doch gemeinsam**. Warum sagst du nicht ‚**unser** Haus', ‚**unser** Auto' — hörst du mir **eigentlich** zu, was sucht du **denn** da im Kleiderschrank?" „Unsere blaue Hose."

*Nebensatz mit* **dass**; *Relativsatz;*
*nicht trennbares Verb* **gehören** + *Dativ;*
*Possessivpronomen;*
*Partikeln:* **doch, eigentlich, denn**

## Hausarbeit und Kochen

**129** Eine Frau fragt ihre Freundin:„**Hilft** dir dein Mann **bei** der Hausarbeit?" Die Freundin antwortet: „Natürlich. **Wenn** er im Sessel sitzt und ich **staubsauge, dann** hebt er immer die Beine hoch."

**helfen** + *Dativ (+* **bei** + *Dativ);*
*Nebensatz mit* **wenn**;
*gefolgt von Hauptsatz mit* **dann**;
*(Achtung:* **staubsaugen / Staub saugen***)*

**130** Der Ehemann kommt zu seiner Frau in die Küche. Er sagt zu
ihr: „Ach. Liebling, **heute**, an deinem Geburtstag, **brauchst**
du doch nicht abzuwaschen! Mach **es** doch einfach **morgen**!"
*brauchen* + *Infinitiv mit* ***zu****; Pronomen* ***es****;
Zeitadverbien* ***heute****,* ***morgen***

**131** Der Ehemann ist allein zu Hause. Er macht sich das Früh-
stück und möchte ein weiches Ei essen. Er kocht es, probiert
und schimpft: „Das Ei **hat** nun **länger als** eine halbe Stunde
**gekocht** und ist immer noch **steinhart**!"
*Komparativ in temporaler Adverbialbestimmung* ***länger als****;*
*Perfekt; Adjektivkompositum* ***steinhart***
*Stereotyp: Männer können nicht kochen*

**132** „Warum isst du nicht, Liebling?", fragt die junge Ehefrau.
„Am **Sonntag hat es** dir **geschmeckt**. Am **Montag hat es** dir
**geschmeckt**. Am **Dienstag** und am **Mittwoch hat es** dir ge-
**schmeckt**. Gestern auch. Warum **magst** du plötzlich kein
Gulasch mehr?"
*es schmeckt* + *Dativ; Wochentage; Perfekt;*
*Modalverb* ***mögen****; (Achtung:* ***das*** *oder* ***der Gulasch****)*
*Stereotyp: junge Ehefrauen können nicht kochen*

## Ausgehen

**133** Ein Ehepaar steht um fünf vor acht vor dem **Opernhaus**. Der
Ehemann sagt: „Liebling, ich glaube, es war **falsch**, den **blau-
en** Anzug **anzuziehen**."– „Aber warum denn, **er steht dir**
doch sehr **gut**!" – „Kann sein, aber die Eintrittskarten sind im
**schwarzen**!"
*Kompositum;* ***falsch sein*** + *Infinitiv mit* ***zu****;*
*schwache Adjektivdeklination;* ***etwas steht jemandem (Dativ) gut***

## Gäste

**134** Ein Ehepaar hat Gäste. Der Besuch sagt beim Abschied:
„Hoffentlich **sind** wir nicht **zu lange geblieben**?" Der Ehe-
mann antwortet: „Nein, um diese Zeit **stehen** meine Frau
und ich **sowieso** immer **auf**."
*Perfekt;* ***zu lange bleiben****;*
*Adverb* ***sowieso****; trennbares Verb* ***aufstehen***

## *Übergewicht*

**135** Der Ehemann steigt von der **Personenwaage**. „Mein Ge-
wicht ist völlig in Ordnung", sagt er zufrieden zu seiner Frau.
„**Nach** der Tabelle **sollte** ich nur zwölf Zentimeter **größer**
sein."

*Kompositum; Wechselpräposition **nach** + Dativ;*
*Modalverb **sollen** im Konjunktiv II; Komparativ*

## *Nach dreißig Jahren Ehe*

**136** Eine alte Dame probiert zum ersten Mal in Ihrem Leben **ei-
nen Schluck** Whisky. **Nach** kurzem **Nachdenken** meint sie:
„Das schmeckt ja wie die Medizin, **die** mein armer Mann
schon seit dreißig Jahren nehmen **muss**!"

*Mengenangabe: **ein Schluck**;*
*Präposition **nach** + Dativ; substantiviertes Verb **Nachdenken**;*
*Relativsatz; Modalverb **müssen***
*Stereotyp: Frauen/Alte Damen sind naiv.*
*Nicht witzig für Teilnehmer, die Alkohol ablehnen.*

## *Hochzeitstag*

**137** Müllers feiern Blechhochzeit. – 40 Jahre Essen aus der Dose!

**Anmerkung zu den Hochzeitstagen:**
*Trauung: grüne Hochzeit*
*10 Jahre verheiratet: Rosenhochzeit*
*25 Jahre: silberne Hochzeit*
*50 Jahre: goldene Hochzeit*
*60 Jahre: diamantene Hochzeit*
*65 Jahre: eiserne Hochzeit (und es gibt noch viele andere!)*

*Viele Informationen im Internet unter dem Suchbegriff „Hochzeitstage":*
*z. B. bei www.Hochzeitsseite.de oder bei Goethe-Institut Inter Nationes*

**138** Zu Hause. Der Fernseher läuft und läuft. „Du und dein blöder Fussball!", schimpft die Frau. „Du weißt wahrscheinlich gar nicht mehr, **wann** unser Hochzeitstag **ist!**" „Das weiß ich genau!", protestiert ihr Mann. „Das **war** an dem Tag, **als** Deutschland gegen England **gespielt hat** und 3 zu 0 **gewonnen hat!**"

*Nebensätze mit **wann** und **als**;*
*Präsens (für Allgemeingültiges, Wiederkehrendes);*
*Präteritum und Perfekt (für Einmaliges und Vergangenheit)*

**139** Ein großes Fest: Der Mann und die Frau **feiern** heute zugleich ihren 60. Geburtstag und ihren 35. Hochzeitstag. Plötzlich erscheint eine Fee auf dem Fest und sagt: „**Weil** ihr all die Jahre so ein liebendes Paar **wart**, will ich an diesem besonderen Tag jedem von euch einen Wunsch erfüllen." Die Frau überlegt lange und sagt dann, **dass** sie **genug von** der ewigen Hausarbeit **habe** und dass sie eine große Weltreise machen **wolle**. Die Fee schwingt ihren Zauberstab und Pling! – **hat** die Frau ihre Fahrkarten für die Reise in der Hand.
Nun ist der Mann **dran**. Er zögert etwas und sagt dann: „Ich **möchte** gerne eine Frau haben, die 30 Jahre **jünger** ist als ich!" Die Fee nimmt ihren Zauberstab und Pling! – **ist** der Mann 90 Jahre alt.

*feiern + Akkusativ; Nebensätze mit **weil** und **dass**;*
*Konjunktiv I von **haben** und **wollen** (indirekte Rede);*
*Präteritum von **sein**; **genug haben** + **von** + Dativ;*
*Modalverben: **wollen**, **mögen**;*
*finite Verben in Frontposition (beim szenischen Erzählen);*
***dran sein**; Komparativ; **haben** als Vollverb*

## Streit

**140** *In Berlin:*
Mann: „Ick hab een Holzsplitta im Finga!" Frau: „Du hast **dir** wohl am Kopp **jekratzt?**"

*Berliner Dialekt;*
*Dativ (statt Akkusativ) beim*
*unecht reflexiven Verb **sich kratzen***

**141** Er: „Ich **könnte** für dich bis ans Ende der Welt gehen!"
Sie: „Ist **ja** schön. Aber **würdest** du da **bleiben**?"

*Konjunktiv II des Modalverbs **können**;*
*Partikel **ja**; Konjunktivumschreibung mit **würde***

**142** Ein Liebespaar **streitet sich**. Sie sagt: „Wenn du mein Mann
**wärest, würde** ich dir Gift **geben**!" Er erwidert: „Wenn ich
dein Mann wäre, **würde** ich es **nehmen**!"

*reziprok gebrauchtes Verb **sich streiten**;*
*Konjunktiv II von **sein**;*
*Konjunktivumschreibung mit **würde** (+ **geben**/+ **nehmen**);*
***etwas** (Akkusativ) **nehmen**;*
***jemandem** (Dativ) **etwas** (Akkusativ) **geben***

**143** *Variante*
*Der Witz entstammt ursprünglich wahrscheinlich einem Wortwechsel zwischen Lady Astor*
*und Winston Churchill auf einem Bankett (übersetzt):*
Sie: „**Wenn** Sie **mein** Mann **wären, täte** ich Gift in **Ihren**
Kaffee!" Er: „**Wenn** Sie **meine** Frau **wären, tränke** ich ihn!"

*Konjunktiv II von **sein, tun** und **trinken**;*
*Nebensätze mit **wenn** an Position I;*
*Possessivpronomen*

**144** Nach einem Streit hat ein Ehepaar schon drei Tage lang nicht
**miteinander gesprochen**. Am vierten Tag findet sie einen
Zettel, **auf** dem steht: „Morgen **um 7 Uhr wecken**!" Am
nächsten Tag wird er um **halb 10** wach und sieht einen Zettel auf seinem Nachttisch: „**Sieben Uhr! Aufstehen!**"

*reziprok gebrauchtes Verb: **miteinander sprechen**;*
*Imperativumschreibung mit Infinitiven;*
*Relativsatz; Präposition **auf** + Dativ; Zeitangaben*

**145** Die Frau schimpft beim Ehestreit: „Anstatt dich zu heiraten
**hätte** ich genauso gut den Teufel **heiraten können**!" Der
Mann erwidert: „Das **wäre** aber nicht **gegangen**. Ehen zwischen Geschwistern sind verboten."

*Konjunktion **anstatt** + Infinitiv mit **zu**;*
***heiraten** + Akkusativ;*
*Konjunktiv II Vergangenheit von Modalverb **können** und von **gehen***

## *Vorehelicher Sex, uneheliche Kinder, Untreue, Scheidung*

*Unbedingt zu vermeiden in Gruppen mit Teilnehmern, deren Kulturen dies tabuisieren!*

**146** Die Tochter will heiraten. Die Eltern sind skeptisch. Sie fragen: „Ist dein Freund **auch** sparsam?" „Und wie!! **Wenn** ich **bei** ihm bin, **macht** er sofort das Licht **aus**."

*Partikel **auch**; Nebensatz mit **wenn**;
Präposition **bei** + Dativ; trennbares Verb **ausmachen***

**147** „Ich habe gehört, du **bist** Vater **geworden**. Gratuliere." „Danke." „Und wie geht es deiner Frau?" „**Solange** sie **nichts davon erfährt** – gut!"

***werden** als Vollverb im Perfekt;
Konjunktion **solange** + Nebensatz;
**etwas** (Akkusativ) **erfahren** + **von** + Dativ*

**148** Eine Dame und ein Herr dinieren in einem teuren Restaurant. Da tritt der Oberkellner an ihren Tisch und sagt leise zu der Dame: „Entschuldigen Sie, **gnädige Frau**, haben Sie bemerkt, **dass** Ihr werter **Herr Gemahl** soeben unter den Tisch **gerutscht ist**?" Die Dame antwortet: „Sie **irren sich**, Herr Ober, mein Gemahl **ist** gerade eben zur Tür **hereingekommen** ..."

*Nebensatz mit **dass**; Perfekt;
(unecht) reflexives Verb **sich irren**;
trennbares Verb **hereinkommen**
höfliche (altmodische) Anreden –
und auch ein altmodischer Witz*

**149** „Dein Mann **sieht** toll **aus in** dem neuen Anzug!" – „Das ist **kein neuer** Anzug, das ist ein **neuer** Mann!"

*trennbares Verb mit Präposition: **aussehen** + **in** + Dativ;
Verneinung mit **kein**;
schwache Adjektivdeklination*

**150** Ein Mann und eine Frau haben **sich von** ihren jeweiligen Partnern **scheiden lassen** und **einander geheiratet**. Sie haben zusammen Kinder. Beide haben auch aus **ihren** ersten Ehen Kinder mitgebracht. Eines Sonntagnachmittags sagt er zu ihr: „Du, ich glaube, **deine** und **meine** Kinder **hauen unsere** Kinder!"

*sich scheiden lassen von + Dativ;*
*reziprok gebrauchtes Verb einander heiraten;*
*Possessivpronomen;*
*hauen + Akkusativ*

## Scherzfrage

**151** Warum **können** Frauen nicht schön und intelligent auf einmal sein? Antwort: Weil sie dann Männer **wären**!

*Modalverb können;*
*Konjunktiv II von sein*

# Kinder

*„Wir haben hier zu unterscheiden zwischen dem Kinderwitz, d. h. dem von Kindern für Kinder produzierten Witz, den Kinder selbst erzählen und lustig finden, und dem so genannten Kindermundwitz, der wirklichen oder vermeintlichen unfreiwilligen Komik ernstgemeinter kindlicher Aussagen für Erwachsene. Die beiden Bereiche lassen sich allerdings in der Praxis nicht klar trennen". (Röhrich, Der Witz, S. 80)*

## *Kind und Kind*

**152**  Ein Junge und ein Mädchen haben ihr erstes **Rendezvous.**
Beide sind sehr nervös. Der Junge fragt: „Und, **wie geht es**
dir?" Das Mädchen antwortet: „Gut, danke." Der Junge fragt:
„Und **wie geht es** deinen Eltern?" Das Mädchen antwortet:
„Gut, danke." Der Junge fragt: „Und **wie geht es** deinem
Bruder?" Das Mädchen antwortet: „Gut, danke." Der Junge
fragt: „Und **wie geht es** deiner Katze?" Das Mädchen antwortet: „Gut, danke." Nach zwei Minuten Pause sagt das
Mädchen: „Du, ich **habe** auch noch einen Kanarienvogel und
eine Großmutter!"

*das **Rendezvous**;*
*__wie geht es__ + Dativ;*
***haben** als Vollverb + Akkusativ*

**153**  Ein Junge **will** seiner neuen Freundin **imponieren.** „Ich
kann alle Tierstimmen **nachmachen. Sag** mir ein Tier, und
ich **mache** seine Stimme **nach!**" Sie sagt: „**Mach mal** einen
Hering in Tomatensoße **nach!**"

*Modalverb **wollen**; **imponieren** + Dativ;*
*trennbares Verb **nachmachen** + Akkusativ;*
*Imperativ; Partikel **mal***

**154**  Ein Mädchen sagt zu ihrer Freundin: „Ich bin **ja** so froh, **dass**
ich nicht in Spanien geboren bin!" „Warum?" „**Weil** ich kein
Spanisch kann!"

*Partikel **ja**; Nebensatz mit **dass**;*
*Nebensatz mit **weil***

**155** Ein Junge **will** seine Freundin **besuchen**. **Nachdem** er geklingelt hat, ruft sie von drinnen: „**Niemand** da!" Er ruft zurück: „Gut, **dass** ich **nicht gekommen bin!"**

*Modalverb **wollen**; **besuchen** + Akkusativ;*
*Nebensätze mit **nachdem** und **dass**;*
*Indefinitpronomen **niemand**; Satzellipse; Verneinung mit **nicht**; Perfekt*

**156** Der kleine Max ist verliebt. Er schreibt seinen ersten Liebesbrief: „Liebe Klara! **Morgens** kann ich nichts essen, **weil** ich **an** dich **denken muss**. **Mittags** kann ich nichts essen, **weil** ich immer **an** dich **denken muss**. **Abends** kann ich auch nichts essen, **weil** ich immer noch an dich **denken muss**. Und **nachts** kann ich nicht schlafen, **weil** ich solchen Hunger habe! Dein Max"

***denken** + **an** + Akkusativ;*
*Nebensätze mit **weil**;*
*Zeitadverbien; Modalverb **müssen***

**157** Drei Jungen **unterhalten sich darüber**, **wessen** Vater **am schnellsten** ist. Der erste Junge sagt: „Mein Vater hat einen Porsche und kann damit **200 Stundenkilometer** fahren." Der zweite sagt: „Mein Vater ist Pilot und fliegt mit seiner Boeing **700 Stundenkilometer**." Und der dritte sagt: „Das ist alles gar nichts. Mein Vater ist Beamter. Um **fünf Uhr hat** er Dienstschluss, und um **halb vier ist** er zu Hause!"

*reziprok gebrauchtes Verb **sich unterhalten** + **über** + Akkusativ;*
*Relativsatz mit Relativpronomen im Genitiv;*
*Superlativ; Geschwindigkeitsangaben; Zeitangaben;*
***haben** und **sein** als Vollverben*
*Stereotyp: der faule Beamte*

**158** Zwei Jungen **streiten sich**. Der eine Junge sagt: „Mein Onkel ist viel **kahler** als dein Onkel!" Der andere erwidert: „Wie kannst du das sagen? Beide haben **doch kein** einziges Haar auf dem Kopf!" Der erste Junge: „Das stimmt, aber mein Onkel **hat** einen **größeren** Kopf!"

*reziprok gebrauchtes Verb **sich streiten**;*
*Komparativ prädikativ und attributiv; Partikel **doch**;*
*Verneinung mit **kein**; **haben** als Vollverb*

**159**    Zwei Jungen **unterhalten sich**. Der eine fragt: „Wie alt **bist**
du?" „Fünf", sagt der andere. „Ich **werde** sechs." Der erste
fragt weiter: „Und wie viele Geschwister hast du?" „Fünf",
sagt der andere. „**Es werden** sechs!"

> *reziprok gebrauchtes Verb* **sich unterhalten;**
> **sein/werden** *(als Vollverben) + Altersangabe;*
> **es** *als grammatisches Subjekt;*
> *Das zweite* **werden** *(auch als Vollverb) impliziert,*
> *dass die Mutter des Jungen schwanger ist.*

**160**    Peter, acht Jahre alt, **unterhält sich mit** seinem Freund. Der
Freund **hat** einen kleinen Hund. Peter ist neidisch. Er sagt zu
seinem Freund: „Meine Eltern **wollen** mir **keinen** Hund
kaufen. Ich habe sie schon **so** oft gefragt." Der Freund mit
dem Hund antwortet: „Du machst das ganz falsch!" Peter
fragt: „Wieso?" Der Freund mit dem Hund antwortet: „Das
ist ganz einfach. **Wenn** du einen Hund **haben willst**, dann
**musst** du sagen, **dass** du ein **Brüderchen** haben willst.
Dann **kriegst** du **auch** einen Hund!"

> *reziprok gebrauchtes Verb* **sich unterhalten** + **mit** + *Dativ;*
> **haben** *als Vollverb; Modalverben* **wollen** *und* **müssen;**
> *Verneinung mit* **kein;** *Partikel* **so;**
> *Nebensätze mit* **wenn** *und* **dass;**
> *Diminutivform; Partikel* **auch;** **kriegen** *(ugs. für* **bekommen***) + Akkusativ*

## Kind und Familie

**161**    Der Vater **sagt zu** seinem kleinen Sohn: „Der Storch **hat** dir ei-
nen kleinen Bruder **gebracht. Möchtest** du mit zu Mutti gehen
und ihn **sehen**?" „Vati, ich **möchte** lieber den Storch **sehen**."

> **sagen** + **zu** + *Dativ;*
> *jemandem (Dativ)* **etwas** *(Akkusativ)* **bringen;**
> **sehen** + *Akkusativ; Modalverb* **mögen** *(Konjunktiv II)*

**162**    Ein Junge hat eine große Schwester. Sie **erwartet ein Baby**.
Sie sagt zu ihm: „Ist das nicht schön? Du wirst bald Onkel!"
„Onkel? Ich **will doch** Pilot **werden**!"

> *ein Baby erwarten; Modalverb* **wollen;**
> **werden** *als Vollverb; Partikel* **doch**

**163** Der sechsjährige Sohn **sagt zu** seinem Vater: „**Wenn** ich groß bin, **heirate** ich die Oma!" Der Vater antwortet: „Das geht doch nicht. Du **kannst doch** nicht meine Mutter **heiraten!**" Darauf sagt der **Kleine**: „Wieso nicht? Du **hast doch** auch meine Mutter **geheiratet!**"

> *sagen + zu + Dativ;*
> *Nebensatz mit **wenn**;*
> ***heiraten** + Akkusativ; Präsens und Perfekt;*
> *Modalverb **können**; Partikel **doch**;*
> *substantiviertes Adjektiv*

**164** Der junge Vater badet zum ersten Mal seinen Sohn. „So, das **haben** wir **geschafft**", sagt er, **als** er den **Kleinen** aus der Wanne nimmt und **abtrocknet**. „Das schon", sagt der Junge. „Aber Mama **hat** mir vorher immer die Schuhe **ausgezogen**."

> *Perfekt; Nebensatz mit **als**;*
> *substantiviertes Adjektiv;*
> *trennbare Verben **abtrocknen, ausziehen***
> Stereotyp: Männer können nicht mit Kindern umgehen

**165** Ein Junge **unterhält sich mit** seinem Vater. Der Junge sagt: „Papi, ich **habe** heute ganz allein eine Geige **gebaut!**" Der Vater antwortet: „Das ist **ja** toll. Woher **hattest** du **denn** die Saiten?" Der Junge sagt: „**Aus** dem Klavier."

> *reziprok gebrauchtes, nicht trennbares Verb*
> ***sich unterhalten** + mit + Dativ; Perfekt, Plusquamperfekt;*
> ***bauen** + Akkusativ; Partikeln: **ja, denn**;*
> ***haben** als Vollverb; Präposition **aus** + Dativ*

**166** Vater: „Das schönste **Weihnachtsgeschenk** für mich **wäre**, **wenn** du endlich ein guter Schüler **würdest**."
Sohn: „Zu spät. Ich **habe** dir schon eine Krawatte **gekauft**."

> *Kompositum; Nebensatz mit **wenn**;*
> *Konjunktiv II von **sein** und **werden**;*
> ***jemandem** (Dativ) **etwas** (Akkusativ) **kaufen***

**167** „Mein Junge, **hast** du **nicht** eine Krawatte **von** mir um?"
„Stimmt, Papa!" „**Ist** das Hemd **nicht** auch **von** mir?" „So ist
es, Papa!" „Und der Gürtel **gehört doch** auch mir?!" „Klar, du
willst **doch** sicher nicht, **dass** ich deine Hose **verliere**, Papa!"

*trennbares Verb **umhaben** (= tragen) + Akkusativ; verneinte Fragen;*
*Präposition **von** + Dativ; nicht trennbares Verb **gehören** + Dativ;*
*Nebensatz mit **dass**; Partikel **doch**; **verlieren** + Akkusativ*

**168** „Papa, wie schreibt man das Wort ‚Pferd'?" „**Guck doch** im
Wörterbuch **nach**, mein Junge!" „Papa, wie kommen die Lö-
cher in den Käse?" „Keine Ahnung, mein Junge!" „Papa, wie
funktioniert das Fernsehen?" „Das weiß ich nicht, mein Jun-
ge!" „Papa, stören dich meine Fragen?" „Nein, frag nur, mein
Junge, **sonst** lernst du nichts!"

*Imperativ des trennbaren Verbs **nachgucken**;*
*Partikel **doch**; Hauptsatz mit **sonst***

**169** „Mutti, darf ich lesen, **bis** ich **einschlafe**?"
„Ja gut, aber keine Minute **länger**!"

*Nebensatz mit **bis**; trennbares Verb **einschlafen**;*
*Komparativ; Satzellipse*

**170** Mutter: „Junge, du hast **dich** schon wieder **geprügelt**! Und
gleich zwei Zähne **hast** du dabei **verloren**!" Junge: „Nein,
die **hab** ich **in** der Tasche!"

*reziprok gebrauchtes Verb **sich prügeln**;*
***verlieren** + Akkusativ; **haben** als Vollverb;*
*Wechselpräposition **in** + Dativ*

**171** „Kurt!", ruft die Mutter **entsetzt**. „In deiner Hosentasche ha-
be ich gerade einen **lebendigen** Frosch gefunden!"
„Was?", fragt der **Kleine erschrocken**. „Und die Mäuse sind
nicht mehr drin?"

*Partizip II als Adverb: **entsetzt, erschrocken**;*
*schwache Adjektivdeklination; substantiviertes Adjektiv*

**172** Ein Junge kommt **weinend** zu seiner Mutter. Die Mutter fragt:
„Was hast du denn?" Der Junge antwortet: „Vater hat **sich** mit

dem Hammer auf den linken Daumen **geschlagen**.“ Die Mutter sagt: „Darum **brauchst** du **doch nicht gleich zu weinen**.“ Der Junge: „Zuerst habe ich **ja auch** gelacht!“

*Partizip I als Adverb **weinend**;*
*unecht reflexives Verb **sich schlagen** + **auf** + Akkusativ;*
***brauchen** + Infinitiv mit **zu***

**173** Die kleine Tochter sagt zu ihrer Mutter: „Mama, weißt du **eigentlich, wie viel** Zahnpasta **in** der Tube ist?“ Die Mutter antwortet: „Nein.“ Die Tochter sagt: „Aber ich – drei Meter!“

*indirekte Frage mit **wie viel**;*
*Partikel **eigentlich**; Präposition **in** + Dativ*

**174** „**Darf** ich spielen gehen?“, fragt der kleine Junge. „Nein“, sagt die Mutter, „es ist schon zu spät, heute gehst du nicht mehr raus.“ Die Großmutter bittet: „**Lass** ihn doch noch ein bisschen spielen **gehen**.“ „Nein, er **muss lernen seiner Mutter zu gehorchen**“, sagt die Mutter. „Mama, und warum **gehorchst** du **deiner Mutter** nicht?“, fragt da der Junge.

*Modalverb **dürfen**; Imperativ; **lassen** + (hier doppelter) Infinitiv;*
*Partikel **doch**; Modalverb **müssen**, nicht trennbares Verb*
*hier in **lernen müssen** + Infinitiv mit **zu**;*
*nicht trennbares Verb **gehorchen** + Dativ; Possessivpronomen*

**175** Ein kleiner Junge **will sich** nicht **waschen, bevor** er ins Bett geht. Seine Großmutter sagt zu ihm: „**Wenn** du **dir das Gesicht** und **den Hals wäschst, bevor** du ins Bett gehst, **bekommst** du **von** mir eine Tafel Schokolade.“ Der Junge fragt: „Und **wenn** ich bade, Oma?“

*Modalverb **wollen**; (unecht) reflexives Verb **sich waschen**;*
*Nebensätze mit **bevor** und **wenn**;*
***sich** (Dativ) **etwas** (Akkusativ) **waschen**;*
*nicht trennbares Verb **etwas** (Akkusativ) **bekommen** + **von** + Dativ*

**176** Der Enkel **unterhält sich** mit seiner Großmutter. Er sagt: „Oma, die Trompete, **die** du **mir** zum Geburtstag **geschenkt** hast, ist mein **Lieblingsgeschenk**!“ Die Oma fragt: „Spielst du denn so gerne auf der Trompete?“ Der Junge antwortet:

„Ich spiele gar nicht. **Wenn** ich nicht spiele, **gibt mir** Papi jede Woche fünf Euro.“

*(unecht) reflexives Verb **sich unterhalten**;*
*Relativsatz; Kompositum; **jemandem** (Dativ) **etwas** (Akkusativ)*
***schenken** + **zu** + Dativ; Nebensatz mit **wenn**;*
***jemandem** (Dativ) **etwas** (Akkusativ) **geben**; Zeitangabe*

**177** Die Oma fragt ihre Enkelin: „Warst du **auch** lieb **beim** Zahnarzt?“ „Aber ja, Oma!“, sagt die **Kleine**. „Ich war ganz artig.“ „Das ist schön, mein Kind. Hier hast du einen Euro als Belohnung. Und nun **erzähl mir, was** der Zahnarzt **gemacht hat!**“ „Er **hat** meinem Bruder zwei Zähne **gezogen!**“

*Partikel **auch**; **bei** + Dativ (Verschmelzung von Präposition und Artikel);*
*substantiviertes Adjektiv;*
***jemandem** (Dativ) **etwas** (Akkusativ) **erzählen**;*
*Nebensatz mit **was**; Perfekt;*
***jemandem** (Dativ) **etwas** (Akkusativ) **ziehen***

**178** „Ich war **das jüngste** von fünf Kindern und **musste** immer die Kleidung von meinen Geschwistern **auftragen.**“ „Und? War das denn wirklich so schlimm?“ „Ja. Ich war der einzige Junge.“

*Superlativ; Modalverb **müssen**; trennbares Verb **auftragen***
*ein trauriger Witz*

**179** Ein Kind hat **sich verlaufen.** Zwei Polizisten **treffen** es auf der Straße und **fragen** es: „Wie heißen **denn** deine Eltern?“ Es antwortet: „**Mausi** und **Bärchen.**“

*reflexives Verb **sich verlaufen**;*
***treffen** + Akkusativ; **fragen** + Akkusativ;*
*Partikel **denn**; deutsche Kosenamen*

**180** Die Eltern eines Kindes **machen sich** große **Sorgen, weil** es nicht spricht. Eines Tages sagt das Kind beim Essen: „Die Nudeln sind kalt!“ Die Mutter **freut sich** sehr und ruft: „Du kannst **ja doch** sprechen!“ Der Vater **freut sich** auch sehr und sagt: „Warum hast du denn **bisher** nie gesprochen?“ Das Kind antwortet: „**Bisher** war immer alles in Ordnung.“

*idiomatisch **sich Sorgen machen**;*
*Nebensatz mit **weil**;*
*reflexives Verb **sich freuen**;*
*Partikeln **ja**, **doch** (betont), Adverb **bisher***

## *Witze für Kinder: Vampire*

**181** Graf Dracula **trifft** einen alten Freund. Er **sagt zu** seinem
Freund: „Ich habe gehört, dass du **Vegetarier geworden
bist**. Was isst du **denn** jetzt?" Der Freund antwortet: „Nur
noch **Blutorangen**."

*treffen + Akkusativ;*
*etwas (Akkusativ) sagen + zu + Dativ;*
*werden als Vollverb (im Perfekt);*
*Partikel denn; Vegetarier;*
*Kompositum*

**182** Frage: Was macht ein Vampir, **der** keine Zähne mehr **hat**?
Antwort: Er **steigt um auf** Tomatensuppe.

*Relativsatz; haben als Vollverb;*
*trennbares Verb umsteigen + auf + Akkusativ*

**183** Frage: Was ist das **Lieblingstier** eines Vampirs? Antwort:
Die Giraffe.

*Kompositum, Genitiv*

**184** „Papi, was ist **eigentlich** ein Vampir?" „**Sei** ruhig und **trink**
dein Blut aus, **bevor** es hell wird!"

*Partikel eigentlich; Imperative;*
*Nebensatz mit bevor*

# Lehrpersonen und Schulkinder

*Viele Witze über die Schule stammen aus vergangenen Zeiten. Schulwitze beruhen meist darauf, dass die Autorität des Lehrers durch die Schüler angegriffen wird. Bei Teilnehmern, die aus Kulturen kommen, in denen der Lehrer oder die Lehrerin noch eine unbedingte Respektsperson ist (z. B. in Japan), werden einige Witze nicht gut ankommen. Für fortgeschrittene Kurse kann dies ein guter Diskussionsanlass sein. Von den Witzen aus den einzelnen Schulfächern (vor allen Erdkunde, Chemie und Physik) sind einige zu den Bildungswitzen zu rechnen, deswegen sollte der Kursleiter besonders auf das vorauszusetzende Allgemeinwissen der Teilnehmer achten.*

## *Das Schulkind privat*

**185** Die kleine Tochter **hat** ihren **ersten** Schultag **hinter sich**. „Was **habt** ihr heute **gelernt?**", **will** ihr Vater wissen. „Nicht genug. Wir **müssen** morgen wieder hin."

*etwas (Akkusativ) **hinter sich** (Dativ) **haben** (als Vollverb); Adjektivdeklination; Perfekt von **lernen**; Modalverben **wollen**, **müssen***

**186** Ein Schüler sagt zu seinem Freund: „Meine Mutter macht alles falsch. Am Abend, **wenn** ich **putzmunter** bin, **muss** ich ins Bett gehen, am Morgen, **wenn** ich **todmüde** bin, **muss** ich aufstehen."

*eingeschobene Nebensätze mit **wenn**; Adjektivkomposita **putzmunter**, **todmüde** (ugs.); Modalverb **müssen***

**187** Die Enkelin kommt vom Kochkurs nach Hause. **Ihre** Großmutter fragt sie: **„Dürft ihr** das **aufessen**, was **ihr** kocht?" Die Enkelin antwortet: **„Wir müssen!"**

*Personal- und Possessivpronomen; Modalverb **dürfen**; trennbares Verb **aufessen** + Akkusativ; Modalverb **müssen***

**188** Der Großvater **fragt** den Enkel: „Na, mein Junge, wie **gefällt dir** die Schule?" Der Enkel antwortet: „**Eigentlich** recht gut. Aber es ist schade, **dass** unser Lehrer so wenig weiß. Immer **fragt** er uns!"

*fragen + Akkusativ; nicht trennbares Verb **gefallen** + Dativ; Partikel **eigentlich**; Nebensatz mit **dass***

**189** Der Vater **fragt** seinen Sohn: „Michael, wo ist dein Zeugnis?" Der Sohn antwortet: „**Das habe** ich dem Stefan **geliehen, der will** seinen Vater **damit erschrecken.**"

*fragen + Akkusativ; Demonstrativpronomen **das, der**; Modalverb **wollen**; Präpositionalpronomen **damit**; jemandem (Dativ) etwas (Akkusativ) **leihen**; jemanden (Akkusativ) **erschrecken** (+ **mit** + Dativ)*

## Die Lehrperson privat

**190** Im Kaufhaus, **in** der Lebensmittelabteilung. Eine lange Schlange steht **an** der Fleischtheke. Dabei steht auch ein Lehrer. **Nachdem** er **zwanzig Minuten** gewartet hat, **kommt** der Lehrer **an die Reihe**. „Was wünschen Sie?", fragt die Verkäuferin. „**Nichts**", antwortet der Lehrer, „ich **wollte** Ihnen nur **sagen, dass man** „Salami" nur mit einem „i" schreibt!"

*Wechselpräpositionen **in** und **an** + Dativ; Zeitangabe; idiomatisch: **an die Reihe kommen**; Modalverb **wollen**; sagen + Akkusativ; Nebensätze mit **nachdem** und **dass**; Indefinitpronomen **nichts, man***

**191** *Variante:*
Vor dem Imbisskiosk steht eine lange Schlange. In der Schlange wartet auch ein Lehrer. Nach **etwa zwanzig Minuten kommt** er **dran**. „Was **möchten** Sie?", fragt der Verkäufer. „**Nichts**", antwortet der Lehrer. „Ich **wollte** Ihnen nur **sagen, dass man** „Wyrstchen" mit „ü" schreibt!"

*Zeitangabe; trennbares Verb **drankommen**; Modalverben **mögen** (Konjunktiv II) und **wollen**; sagen + Akkusativ; Indefinitpronomen **nichts, man**; Nebensatz mit **dass***

**192** **Morgens um 7 Uhr.** Der Lehrer ist zu Hause. Das Telefon klingelt. „Herr Lehrer, Susanne Müller **hat** Fieber und **kann heute** nicht zur Schule kommen." „Oh, **das tut mir Leid!** Wer spricht **denn?**" „**Meine** Mutter!"

*Zeitangaben; **haben** als Vollverb; Modalverb **können**; idiomatisch: **das tut mir Leid**; Partikel **denn**; Possessivpronomen*

**193** Ein **Mathematiklehrer** kommt in ein **Fotogeschäft** und sagt: „Einen **Farbfilm**, bitte." „24 mal 36?" „864, warum?"

*Komposita; Zahlwörter (längere Version: vgl. Witz 98)*

**194** Eine Schülerin wartet **an** der Bushaltestelle. Ein Lehrer, **der** auch wartet, **fragt** sie: „Wie alt bist du und wie heißt du?" Sie antwortet: „**Ich** heiße Sandra, bin **sieben** Jahre alt und **gehe zur** Schule." Der Lehrer scherzt: „Ich bin **achtundvierzig** Jahre alt und **gehe** auch noch **zur** Schule." „So?", staunt Sandra. „Dann bist du **aber** sehr dumm!"

*Wechselpräposition **an** + Dativ; Relativsatz; **fragen** + Akkusativ; Auslassung des Subjekts bei Aufzählung; Zahlwörter (Altersangaben); **gehen** + **zu** + Dativ (Verschmelzung von Präposition und Artikel); Partikel **aber***

## Schule

**195** Eine Schülerin **kommt zu spät zur** Schule. Auf der Treppe **trifft** sie den Direktor. „Zehn Minuten zu spät!", sagt der Direktor ernst. „**Ich auch!**", sagt die Schülerin.

***zu spät kommen** + **zu** + Dativ (Verschmelzung von Präposition und Artikel); **treffen** + Akkusativ; Satzellipse als Antwort*

**196** Der Lehrer **fragt** die Schülerin: „Warum **kommst** du **eigentlich** jeden Morgen **zu spät** zur Schule? Du **hast doch** ein Fahrrad, oder?" Das Mädchen antwortet: „Ja, **aber** das **nutzt nichts**! Da steht ein Verkehrsschild: ‚Schule! Langsam fahren!' "

***fragen** + Akkusativ; Partikeln **eigentlich, doch, aber**; **zu spät kommen** + **zu** + Dativ (Verschmelzung von Präposition und Artikel); **nichts nutzen**; **haben** als Vollverb; Imperativumschreibung mit Infinitiv*

**197**   Die Lehrerin schimpft: „Du **hast dich** mal wieder **nicht gekämmt!**" Schüler: „Ich **habe keinen** Kamm." Lehrerin: „Dann **nimm doch** den Kamm **von** deinem Vater!" Schüler: „**Der** hat **keine** Haare."

> *(unecht) reflexives Verb **sich kämmen**;*
> *Verneinung mit **nicht** und **kein**; **haben** als Vollverb;*
> ***nehmen** + Akkusativ; Präposition **von** + Dativ;*
> *Imperativ; Partikel **doch**; Demonstrativpronomen **der***

**198**   Der Lehrer sagt zu dem Schüler: „**Wenn** ich dein Vater **wäre, würde** ich dich jetzt **verhauen!**" Der Junge antwortet: „Das **würden** Sie nicht **tun. Wenn** Sie mein Vater **wären, würden** Sie jetzt in der Küche **stehen** und das Geschirr **spülen!**"

> *Nebensätze mit **wenn**; Konjunktiv II von **sein**;*
> *Konjunktivumschreibung mit **würde***
> *Stereotyp: es ist komisch, wenn Männer Hausarbeit machen*

**199**   Schüler: „Herr Lehrer, **würden** Sie mich **für** etwas **bestrafen,** das ich nicht gemacht habe?" Lehrer: „Nein, natürlich nicht." Schüler: „Ich habe meine Hausaufgaben nicht gemacht."

> *Konjunktivumschreibung mit **würde**; Relativsatz;*
> *nicht trennbares Verb **bestrafen** + Akkusativ + **für** + Akkusativ*

**200**   *Variante:*
„Herr Lehrer, **kann man für** etwas **bestraft werden,** was **man** nicht gemacht hat?", fragt ein Schüler. „Natürlich nicht!", antwortet der Lehrer. „Toll! Ich habe nämlich **vergessen,** meine Hausaufgaben **zu machen!**"

> *Vorgangspassiv mit Modalverb **können**; Indefinitpronomen **man**;*
> *nicht trennbares Verb **vergessen** + Infinitiv mit **zu**;*
> *nicht trennbares Verb **bestrafen** + Akkusativ + **für** + Akkusativ*

**201**   Der Lehrer fragt: „**Hat** dir dein Vater **bei** den Hausaufgaben **geholfen?**" Die Schülerin antwortet: „Nein, **er** hat **sie** alleine **gemacht.**"

> ***helfen** + Dativ + **bei** + Dativ;*
> ***machen** + Akkusativ; Personalpronomen*

**202** Der Lehrer sagt **drohend** zu einem Schüler: „Du **hast** deine Hausaufgaben schon wieder nicht **gemacht. Das werde** ich deinem Vater **mitteilen!**" Der Schüler erwidert: „**Das nützt nichts, der macht sie** auch nicht!"

*Partizip I als Adverb;*
*__machen__ + Akkusativ; Futur I (als Drohung);*
*Demonstrativpronomen __das, der__;*
*Indefinitpronomen __nichts__; __nichts nützen__*

**203** Der Lehrer **schreit** die Schüler **an**: „Ich bin **wohl** der **Einzige, der** hier arbeitet!" Darauf sagt ein Schüler: „Sie sind **ja** auch der **Einzige, der** hier Geld bekommt."

*trennbares Verb __anschreien__ + Akkusativ;*
*substantiviertes Adjektiv;*
*Relativsätze; Partikeln __ja__, __wohl__*

**204** Im Klassenzimmer ist es sehr laut. Der neue Direktor kommt, **holt** den **am lautesten Schreienden heraus** und führt ihn in sein Zimmer. Nach einiger Zeit kommt ein Schüler und sagt: „Herr Direktor, **können** wir unseren Lehrer **wiederhaben?**"

*Superlativ als Attribut;*
*substantiviertes Partizip;*
*trennbare Verben __herausholen, wiederhaben__ + Akkusativ;*
*Modalverb __können__*

## Deutsch

**205** Der Lehrer sagt zu einem Schüler: „**Nenne mir** zwei Pronomen!" Der Schüler **wacht auf** und sagt: „**Wer, ich?**"

*__jemandem__ (freier Dativ) __etwas__ (Akkusativ) __nennen__ = __sagen__;*
*Imperativ; Fragepronomen; Personalpronomen;*
*trennbares Verb __aufwachen__*

**206** Die Schüler **müssen** im Deutschunterricht einen Aufsatz **schreiben.** Das Thema ist: „**Unser** Hund."
Ein Schüler schreibt: „**Unser** Hund. Wir haben **keinen.**"

*Modalverb __müssen__; __schreiben__ + Akkusativ;*
*Possessivpronomen; Verneinung mit __kein__*

**207** Der Lehrer **sagt** streng **zu** einem Schüler: „Der Aufsatz **über** den Hund ist **ja** genau **derselbe, den** dein Bruder vor zwei Jahren geschrieben hat!" Der Schüler erwidert: „Es ist **ja** auch **derselbe** Hund!"

> *sagen* + *zu* + Dativ; Wechselpräposition *über* + Akkusativ;
> Partikel *ja*; Relativsatz;
> Demonstrativpronomen *derselbe*

**208** Im Deutschunterricht **müssen** die Schüler einen Aufsatz schreiben. Das Thema ist: „Wenn ich Direktor **wäre** ...". Alle Schüler schreiben eifrig, nur ein Schüler sitzt da und guckt aus dem Fenster. „Warum schreibst du nicht? Wor**auf wartest** du?", fragt der Lehrer. „**Auf** meine Sekretärin", antwortet der Schüler.

> Modalverb *müssen*; Konjunktiv II von *sein*;
> *warten* + *auf* + Akkusativ;
> Satzellipse als Antwort

**209** Eine Schülerin **muss** einen Hausaufsatz schreiben. Das Thema ist: „Die **Herkunft** meiner Familie". Sie fragt ihre Mutter: „Wo **kommst** du **eigentlich her**?" Die Mutter antwortet: „Mich **hat** der Storch **gebracht**." Die Tochter fragt weiter: „Und wo **komme** ich **her**?" Die Mutter antwortet: „Dich **hat** auch der Storch **gebracht**!" Die Tochter fragt weiter: „Und wo **kommt** Oma **her**?" Die Mutter antwortet: „Die **hat** auch der Storch **gebracht**!" Die Schülerin schreibt nun ihren Aufsatz. Er beginnt so: „**Seit** drei Generationen **hat** es in meiner Familie **keine** normale Geburt mehr **gegeben** ..."

> Modalverb *müssen*; *Herkunft* + Genitiv;
> trennbares Verb *herkommen*;
> Partikel *eigentlich*; *bringen* + Akkusativ;
> Perfekt; Präposition *seit* + Dativ;
> Verneinung mit *kein*
> Die Erklärung für Kinder: Der Storch bringt die Babies.

210  Der Lehrer **hat** mit seinen Schülern lange über das Thema „Zeit" **gesprochen** und **hat** ihnen die Begriffe „Gegenwart", „Vergangenheit" und „Zukunft" **erklärt**. Zum Schluss fragt er einen Schüler: „**Wenn** ich nun sage: ‚Ich bin krank' – was ist das für eine Zeit"? „Eine sehr schöne Zeit, Herr Lehrer!", antwortet der Schüler.

*Perfekt;* **jemandem** *(freier Dativ)* **etwas** *(Akkusativ)* **erklären;** *Wortschatz: die Zeit(en): die Gegenwart, die Vergangenheit, die Zukunft; Nebensatz mit* **wenn**
*traurig für den Lehrer*

## Rechnen/Mathematik

211  Der Lehrer fragt einen Schüler: „**Wenn** ich fünf Äpfel **in der** einen **Hand habe** und fünf in der anderen, was **habe** ich dann?" Der Schüler antwortet: „Riesige Hände!"

*Nebensatz mit* **wenn;**
**etwas** *(Akkusativ)* **in der Hand haben**

212  Der Lehrer sagt **zu** den Schülern: „Heute **rechnen** wir **zum** ersten Mal **mit** Computern!" Die Schüler **freuen sich**. Dann kommt die Frage **des Lehrers**: „Also, wie viel sind zwei Computer plus zwei Computer?"

*Präpositionen* **zu** *und* **mit** *+ Dativ;*
**rechnen** *+* **mit** *+ Dativ;*
*reflexives Verb* **sich freuen;** *Genitiv*

213  *Variante:*
Rechenunterricht in der Grundschule. Die Lehrerin sagt: „Also, Kinder, heute **werden** wir **mit** Computern **rechnen**." Die Schüler freuen sich, und alle **warten darauf**, **was** nun passiert. Dann kommt die Frage der Lehrerin: „Bitte **sagt** mir: Wie viel ist vier Computer weniger drei Computer?"

*Futur I; Verben mit Präpositionen:* **rechnen** *+* **mit** *+ Dativ;*
**warten** *+* **auf** *+ Akkusativ; Relativsatz; Imperativ*

214  Der **Mathematiklehrer** fragt einen Schüler: „Wie viel Zinsen erhältst du nach zwei Jahren, **wenn** du für eine Summe

von 1.000 Euro **drei Prozent** bekommst?" Der Schüler antwortet: „Wissen Sie, bei **drei Prozent** Zinsen **habe** ich absolut **kein Interesse!**"

*Kompositum; Nebensatz mit **wenn**; Prozentangaben;*
*Verneinung mit **kein** + Substantiv + Verb: **kein Interesse haben***
*Vorwissen: Zinsen*

**215** Die Hausaufgabe lautete: „Ein Wanderer geht fünf Kilometer in der Stunde. Wie lange **braucht** er **für** 12,5 Kilometer?" Am nächsten Morgen hat ein Schüler die Aufgabe **nicht** gelöst. Der Lehrer fragt ihn, warum nicht, und der Junge antwortet: „Mein Vater **ist** noch **unterwegs**, Herr Lehrer!"

***brauchen** + **für** + Akkusativ; Verneinung mit **nicht**;*
***unterwegs sein***

**216** Der Lehrer fragt einen Schüler: „Wenn du einen Euro **hättest** und **würdest** deinen Vater um einen Euro **bitten**, wie viele Euros **hättest** du dann insgesamt?" Der Schüler antwortet: „**Einen Euro.**" Der Lehrer sagt traurig: „Du **kannst nicht** rechnen, mein Junge." Der Schüler sagt traurig: „Sie kennen meinen Vater **nicht.**"

*Konjunktiv II von **haben** als Vollverb;*
*Konjunktivumschreibung mit **würde**;*
*Satzellipse als Antwort;*
*Verneinung mit **nicht**; Modalverb **können***

### Erdkunde/Geographie

**217** Der Lehrer sagt zu einem Schüler: „**Geh** bitte an die Landkarte und **suche** Australien!" Der Schüler geht nach vorn an die Landkarte, zeigt auf Australien und sagt: „Hier ist es, Herr Lehrer." Lehrer: „Richtig. Und wer **hat es entdeckt?**" Schüler: „Ich."

*Imperative; **entdecken** (in Doppelbedeutung) + Akkusativ;*
*Pronomen **es**; Perfekt*

**218** Der Lehrer fragt: „Sagt mir, Kinder, was **ist für** die Menschen, die Tiere und die Pflanzen **wichtiger**, die Sonne oder

der Mond?" „Der Mond", sagt ein Schüler, „**der** scheint **bei
Nacht**, und **am Tag** ist es **ja sowieso** hell!"

*Komparativ; **wichtig sein** + **für** + Akkusativ;
Demonstrativpronomen **der**;
Zeitangaben; Partikel **ja**; Adverb **sowieso***

**219** Die Lehrerin fragt: „Was ist **weiter von** uns **entfernt**: China
oder der Mond?" Ein Schüler antwortet: „Ich denke, China."
Die Lehrerin fragt: „Warum **nicht** der Mond?" Der Schüler
antwortet: „Na, den Mond **kann** ich **sehen**, China aber **nicht!**"

*Komparativ; **entfernt** + **sein** + **von** + Dativ; Satzellipse;
Modalverb **können**; **sehen** + Akkusativ; Verneinung mit **nicht***

**220** Lehrer: „Der Mond sieht klein aus, er ist aber in Wirklichkeit
ziemlich groß. Was schätzt ihr, wie viele Länder, **die** so groß
**wie** Deutschland sind, auf seiner Oberfläche Platz **hätten?**"
Ein Schüler fragt: „**Bei** Vollmond oder **bei** Halbmond?"

*eingeschobener Relativsatz; Vergleich mit Positiv: **wie**;
Konjunktiv II von **haben**, **bei** + Dativ*

**221** *Abiturprüfung in Geographie*
Prüfer: „Wie viele Inseln gehören zu Japan, und wie heißen
**sie?**" Abiturient: „**Zu** Japan **gehören** viele Inseln, und ich
heiße Meier."

*Verwechslung der Personalpronomen **Sie/sie**;
Verb + Präposition: **gehören** + **zu** + Dativ*

## Chemie

**222** Im **Chemieunterricht** macht der Lehrer ein Experiment. Er
fragt die Schüler: „**Wird sich** das Zwei-Euro-Stück **auflö-
sen, das** ich **in** die Säure **geworfen habe?**", fragt der Leh-
rer. „Nein!", sagt ein Schüler. „Und warum nicht?" fragt der
Lehrer. Der Schüler antwortet: „Weil Sie es sonst nicht **hin-
eingeworfen hätten!**"

*Kompositum; Futur I als Prognose;
trennbares (unecht) reflexives Verb **sich auflösen**; Relativsatz;
**werfen** + **in** + Akkusativ; Konjunktiv II (Vergangenheit);
trennbares Verb **hineinwerfen***

## *Physik*

**223**   Der **Physiklehrer** fragt einen Schüler: „Was **wäre**, wenn es **kein elektrisches** Licht **gäbe**?" Der Schüler antwortet: „Dann **müssten** wir **bei Kerzenlicht vor** dem Fernseher sitzen!"

> *Komposita; Verneinung mit* **kein***;*
> *Konjunktiv II von* **sein, geben** *und* **müssen***;*
> *Adjektivdeklination; Präpositionen* **bei, vor** *+ Dativ*

**224**   Im **Physikunterricht** erklärt der **Physiklehrer**, **dass** Dinge **sich durch** Hitze **ausdehnen** und durch Kälte **zusammenziehen**. Der Lehrer fragt nach Beispielen.
Eine Schülerin sagt: „Im Sommer werden die Tage **länger** – im Winter **kürzer**."

> *Komposita; Nebensatz mit* **dass***;*
> *trennbare (unecht) reflexive Verben* **sich ausdehnen***;*
> **sich zusammenziehen***;*
> *Präposition* **durch** *+ Akkusativ;*
> *Komparative als Prädikative*

**225**   Mündliches Abitur in Physik. Der Schüler **kommt herein** und **wird** vom Prüfer **gefragt**: „Was ist **schneller**, das Licht oder der Schall?" Der Schüler antwortet: „Der Schall natürlich!" Prüfer: „Können Sie **das** begründen?" Antwort des Schülers: „**Wenn** ich den Fernseher **einschalte**, kommt zuerst der Ton und dann das Bild."

> *trennbares Verb* **hereinkommen***; Vorgangspassiv;*
> *Komparativ als Prädikativ; trennbares Verb* **einschalten** *+ Akkusativ;*
> *Demonstrativpronomen* **das***; Nebensatz mit* **wenn**

## *Biologie*

**226**   Der Lehrer fragt die Schüler: „Warum fliegen die Störche im Herbst **in** den Süden?" Ein Schüler antwortet: „**Weil** die Leute dort doch auch Kinder **haben wollen**!"

> *Wechselpräposition* **in** *+ Akkusativ;*
> *Nebensatz mit* **weil***;* **haben** *als Vollverb; Modalverb* **wollen**

**227** Der **Biologielehrer** erzählt: „Ein **Maulwurf** frisst täglich **so viel**, wie er wiegt." Ein Schüler fragt: „Und woher weiß er, **wie viel** er wiegt?"

*Komposita; Mengenangaben: **so viel, wie viel***

**228** Ein Schüler sagt zu der Lehrerin: „Es **hat** sechs Beine, **rote** Augen, **grüne** Flügel, einen **gelben** Rücken und einen **langen spitzen** Stachel – was ist **das**?" Die Lehrerin sagt: „**Das** weiß ich nicht. **Sag** es mir!" Der Schüler antwortet: „Ich weiß es auch nicht, Frau Lehrerin, aber es sitzt gerade **auf** Ihrer Schulter!"

***haben** als Vollverb;*
*Adjektivdeklination; Demonstrativpronomen **das**; Imperativ;*
*Wechselpräposition **auf** + Dativ*

## Religion/Ethik

**229** Der Lehrer predigt den Schülern: „Wir leben, **um** den **anderen** Menschen **Gutes** zu tun." Ein Schüler fragt: „Und **wozu** leben die anderen?"

*Nullartikel; substantiviertes Adjektiv;*
*finaler Nebensatz mit **um .... zu**; Interrogativadverb **wozu***

**230** Der Lehrer sagt zur Klasse: „**Jeden Tag sollen** wir **jemandem** eine Freude **bereiten**. Na, Michael, hast du **gestern** auch **jemanden** glücklich **gemacht**?" „Ja, meine Tante Edith." „Wieso?" „Sie war **überglücklich, als** ich endlich ging!"

*Zeitangaben; Modalverb **sollen**;*
*nicht trennbares Verb **jemandem** (Dativ) **etwas** (Akkusativ) **bereiten**;*
***jemanden** (Akkusativ) **glücklich machen**;*
*Adjektivkompositum; Nebensatz mit **als***

## Sitzenbleiben

**231** „Mensch, **habt** ihr dieses Jahr **Glück**!", sagt der Schüler fröhlich zu seinen Eltern. „Für das nächste Schuljahr **braucht** ihr **keine** neuen Bücher **zu kaufen**!"

***Glück haben, brauchen** + zu + Infinitiv;*
***kaufen** + Akkusativ; Verneinung mit **kein***

## *Elternabend*

**232**    Der Vater fragt den Lehrer: „Warum **haben** sie meinem Sohn **verboten**, in die Schule zu kommen?" Der Lehrer antwortet: „Er hat erzählt, **dass** seine Schwester Scharlach hat." Vater: „Das stimmt, aber **die** lebt **bei** ihrer Mutter in Australien!"

*nicht trennbares Verb **jemandem** (Dativ) **verbieten** + Infinitiv mit **zu**; Nebensatz mit **dass**; Demonstrativpronomen **die**; **bei** + Dativ; Vorwissen: Scharlach*

## *Schüleraustausch*

**233**    Mitten in **Australien** hüpft ein großes **Känguru** seinen Weg. In seinem Beutel ist ein kleiner **seekranker Pinguin**. Zur gleichen Zeit steht am **Nordpol** ein kleines Känguru mitten in der **Eiswüste**. Es **zittert vor Kälte** und sagt leise zu sich selbst: „Blöder **Schüleraustausch** ..."

*Adjektiv- und Substantivkomposita; Präposition + Nomen + Verb: **vor Kälte zittern** absurder Witz (Vorwissen: Den Teilnehmern muss neben den geographischen und Tierbezeichnungen bekannt sein, was ein Schüleraustausch ist.)*

# Raucherecke

*Die Erfahrung lehrt, dass nur Raucher Raucherwitze komisch finden, also auch umgekehrt, dass Nichtraucher nicht über Raucherwitze lachen können. Daher ist zu empfehlen, vor dem Erzählen eines Raucherwitzes festzustellen, wie die Teilnehmerinnen und Teilnehmer es mit dem Rauchen halten.*

**234**  Arzt: „Rauchen Sie?" Patient: „Nett, **dass** Sie mich **das** fragen – ich **würde** lieber etwas **trinken!"**

*Nebensatz mit **dass**;*
*Demonstrativpronomen **das**;*
*Konjunktivumschreibung mit **würde***

**235**  Der Arzt fragt den Patienten: „Rauchen **Sie**?" Der Patient antwortet: „Nein." Der Arzt erwidert: „Schade, sonst **hätte** ich es Ihnen **verbieten können."**

*Personalpronomen;*
*Konjunktiv II + Modalverb **können**; nicht trennbares Verb*
***jemandem** (Dativ) **etwas** (Akkusativ) **verbieten***

**236**  Ein Patient **sieht** sehr schlecht **aus**. Der Arzt rät ihm: „Sie **müssen** mit dem Rauchen **aufhören**. Sie **dürfen** höchstens eine Zigarette nach dem Essen rauchen!" Nach zwei Monaten kommt der Patient wieder in die Praxis. „Sie sehen ja prima aus", ruft der Arzt, „Sie **haben** sogar **zugenommen!"** Der Patient sagt: „**Das** ist kein Wunder, bei zwanzig Mahlzeiten pro Tag!"

*Modalverben **müssen, dürfen**;*
*trennbare Verben **aussehen, aufhören, zunehmen**;*
*Perfekt; Demonstrativpronomen **das***

**237**  Ein Mann hat so starken Husten, **dass** er einen Arzt **aufsuchen muss**. Der Arzt sagt nach der Untersuchung zu ihm: „Sie **dürfen** das Bett **nicht** verlassen, Sie **dürfen nicht** rauchen und **nicht** trinken!" Der Mann fragt **entmutigt**: „Also **darf** ich nur husten?"

*Nebensatz mit **dass**;*
*trennbares Verb **aufsuchen** + Akkusativ;*
*Modalverben **müssen, dürfen**;*
*Verneinung mit **nicht**; Partizip II als Adverb*

**238** Der Arzt fragt: „Haben Sie meinen Rat **befolgt**, täglich nur drei Zigaretten **zu rauchen?**" Der Patient antwortet: „Ja, Herr Doktor! Aber ich bin Nichtraucher und jedes Mal **wird mir schlecht!**"

*nicht trennbares Verb **befolgen** + Akkusativ;*
*Nebensatz mit Infinitiv mit **zu**;*
***jemandem** (Dativ) **wird schlecht***

**239** *Im Zugabteil*
Ein älterer eleganter Mann und eine alte Dame sitzen in einem Zugabteil. Der Mann nimmt eine Zigarre aus seiner Tasche und fragt die Dame: „**Gestatten Sie, dass** ich rauche?" „**Fühlen** Sie **sich wie zu Hause**", sagt die Dame. „**Dann eben nicht**", seufzt der Mann **resigniert** und steckt die Zigarre wieder ein.

*Idiomatik: **Gestatten Sie, dass ...;***
***sich wie zu Hause fühlen, dann eben nicht;***
*Partizip II als Adverb*
*ein etwas altmodischer Witz*

**240** Eine Frau **wird** 120. Sie hat viele Gäste. Sie **wird gefragt**: „Wie **haben** Sie **es geschafft**, so alt **zu werden?**" Sie antwortet: „Mit 119 **habe** ich **aufgehört zu rauchen**."

***werden** als Vollverb;*
*Vorgangspassiv; **(es) schaffen** + Infinitiv mit **zu***
*trennbares Verb **aufhören** + Infinitiv mit **zu***

**241** *Im Tabakgeschäft*
Ein Mann **kommt herein** und schreit: „Schnell, schnell! Eine Schachtel Streichhölzer!" – Verkäufer: „**Schreien Sie doch** nicht so! Ich bin **ja nicht** schwerhörig! Mit oder ohne Filter?"

*trennbares Verb **hereinkommen**;*
*Imperativ; Partikeln **doch, ja**; Verneinung mit **nicht***
*Der Witz beruht darauf, dass der Verkäufer*
*entweder doch schwerhörig ist oder nicht zugehört hat.*

# Reise und Urlaub

## *Flughafen*

**242** Ein Ehepaar erreicht mit acht schweren Koffern gerade noch pünktlich den Flughafen. Da sagt der Mann: „Schade, Liebling, **dass** wir das Klavier nicht auch noch **mitgenommen haben.**" „**Soll das** komisch sein?", fragt die Frau böse. „Nein, gar nicht – aber **auf** dem Klavier liegen unsere Flugtickets."

*Nebensatz mit **dass**;*
*trennbares Verb **mitnehmen** + Akkusativ;*
*Modalverb **sollen**; Demonstrativpronomen **das**;*
*Wechselpräposition **auf** + Dativ*

**243** *Variante:*
Ein Ehepaar **will** verreisen. Die Frau hat viele Sachen in die Koffer gepackt. Die beiden tragen mit Mühe das schwere Gepäck **zum** Auto und fahren **zum** Flughafen. **Als** sie dort **angekommen sind**, sagt der Mann: „Ich wünschte, wir **hätten** den Fernseher auch noch **mitgenommen.**" „**Hör auf**, Witze **zu** machen", sagt seine Frau. „**Das** war **kein** Witz. Die Flugtickets liegen oben drauf!"

*Modalverb **wollen**; **zu** (verschmolzen mit Artikel) + Dativ;*
*trennbare Verben **ankommen**, **mitnehmen** + Akkusativ;*
*Nebensatz mit **als**; Konjunktiv II (Vergangenheit);*
*trennbares Verb **aufhören** + Infinitiv mit **zu**;*
*Demonstrativpronomen **das**; Verneinung mit **kein***

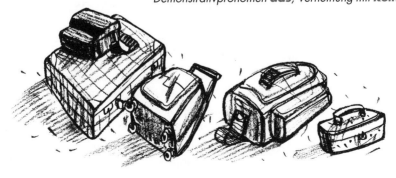

## Flugzeug

**244**  Ein **Privatflugzeug** landet auf einem **Flughafen**. Der Pilot bremst und **bringt** das **Flugzeug** gerade noch kurz vor dem Ende der **Landebahn zum Stehen**. Er sagt zu dem **Kopiloten**: „So ein blöder Flughafen, so eine kurze Landebahn habe ich noch nie gesehen." Der Co-Pilot sieht links und rechts aus den **Cockpit**-Fenstern und sagt: „Na ja, sie ist aber **mindestens** vier Kilometer breit!"

*Wortschatz: (Privat)-Flugzeug, Flughafen,*
*Landebahn, Kopilot, Cockpit;*
*Präposition + Nomen + Verb zum Stehen bringen;*
*Adverb mindestens*

**245**  Ein Flugzeug ist im **Anflug** auf München. **Tower:** „Hier ist München **Tower**. Hier ist München **Tower**. Bitte geben Sie uns Ihre **Höhe** und **Position**!" Pilot: „Ich bin 1 Meter 90 und sitze ganz **vorne**!"

*Wortschatz: Anflug, Tower, Höhe, Position Adverb vorne;*
*Verswechslung von Dienstlichem und Privatem*

**246**  Auf einem Flughafen **soll** ein Flugzeug starten. Die Passagiere hören, wie der Pilot ruft: „**Mit dieser** Maschine fliege ich nicht, **wenn** der Motor nicht **ausgetauscht wird**!" Nach einer Viertelstunde startet das Flugzeug. „Was, so schnell **ist** der Motor **ausgetauscht worden?**", fragt ein Fluggast die Stewardess. „Der Motor nicht – aber der Pilot."

*Modalverb sollen; Präposition mit + Dativ;*
*Demonstrativpronomen diese; Nebensatz mit wenn;*
*Vorgangspassiv in Präsens und Perfekt;*
*des trennbaren Verbs austauschen*

**247**  Eine alte Dame fliegt zum ersten Mal mit dem Flugzeug. Nach einiger Zeit fragt sie die Stewardess: „Wo sind **denn hier** die Toiletten?" Die Stewardess antwortet: „Ganz **vorne rechts**." Die alte Dame geht langsam nach **vorn** und kommt ins Cockpit. Sie kehrt um und sagt zur Stewardess: „**Auf** der Damentoilette sitzen drei Männer und gucken Fernsehen!"

*Partikel denn; Lokaladverbien; Wechselpräposition auf + Dativ*
*Stereotyp: alte Damen haben keine Ahnung von Technik*

## Schiff

**248** Ein Luxusschiff fährt **durch** den Indischen Ozean. Es **kommt** an einer **kleinen unbekannten** Insel **vorbei**. Ein Mann in Lumpen **läuft** am Strand **hin** und **her** und winkt hektisch. Ein Passagier fragt den Kapitän: „Was **hat** der denn?" Der Kapitän antwortet: „Ach **der – der freut sich** immer so, wenn wir hier **vorbeikommen** …"

*Präposition **durch** + Akkusativ; Adjektivdeklination; trennbare Verben **vorbeikommen**, **hin-** und **herlaufen**; **haben** als Vollverb; Demonstrativpronomen **der**; reflexives Verb **sich freuen***
*makaber*

**249** Eine alte Dame macht ihre erste **Schiffsfahrt**, 14 Tage auf dem Mittelmeer. Am ersten Abend besucht sie der **Kapitän** in ihrer **Kabine** und fragt sie: „Na, wie **gefällt** Ihnen Ihre Kabine?" „Prima", sagt die alte Dame und zeigt auf das **Bullauge**. „Ganz besonders gut gefällt mir **dieser Kleiderschrank**, da **passt** so viel **rein**!"

*Wortschatz **Schiffsfahrt**, **Kapitän**, **Kabine**, **Bullauge**; **gefallen** + Dativ; trennbares Verb **reinpassen** (ugs. für **hineinpassen**); Demonstrativpronomen **dieser**; Komposita*
*Stereotyp: alte Damen sind trottelig*

## Zug

**250** „Warum gibt es Fahrpläne, **wenn** die Züge immer **Verspätung haben**?" „Woher **wüsste** man sonst, **dass** die Züge **Verspätung haben**?"

*Substantiv + Verb **Verspätung haben**; Nebensätze mit **wenn** und **dass**; Konjunktiv II*

**251** *Am Fahrkartenschalter*
Kunde: „Ich **hätte** gerne eine **Fahrkarte** nach München. Zweiter Klasse, hin und zurück!" „**Über** Passau?" „Nein, **übers Wochenende**."

*Komposita; Konjunktiv II von **haben**; Verwechslung: Präposition **über** in lokaler und in temporaler Bedeutung; Verschmelzung von Präposition und Artikel*

**252** Ein Mann sitzt im Zug und packt sein **mitgebrachtes** Obst aus: Äpfel, Bananen, Apfelsinen. Er schält das Obst, dann öffnet er das Fenster. Er schneidet dann das **geschälte** Obst in kleine Stücke und wirft die **Obststückchen** aus dem Fenster. Ein **Mitreisender** fragt ihn **verwundert**: „Was machen Sie denn da?" „Ich mache **Obstsalat**", erwidert der Mann. „Und warum werfen Sie das alles aus dem Fenster?" „Ich **mag keinen Obstsalat.**"

*Partizip II als Attribut: **mitgebracht, geschält;***
*substantiviertes Partizip I: **Mitreisender;***
*Partizip II als Adverb: **verwundert;** Modalverb **mögen***
*als Vollverb + Akkusativ; Verneinung mit **kein;** Komposita*
*ein absurder Witz*

**253** Zwei Männer sitzen in der **Eisenbahn**. Der eine kaut **Apfelkerne**. Der andere fragt ihn: „Warum machen Sie das?" Der **Kauende** antwortet: **„Damit** ich **klüger werde!"** Der andere überlegt und sagt dann: „Hm! **Kann** ich auch einen **haben?"** Der Kauende sagt: „Natürlich, aber der kostet zwei Euro!" Der andere zahlt und kaut auf seinem Apfelkern. Plötzlich sagt er: „Mensch, für zwei Euro **hätte** ich doch **mindestens** ein paar ganze Äpfel bekommen!" Der Kauende sagt: „Na sehen Sie, es **wirkt** schon!"

*Komposita; Substantiviertes Partizip I von **kauen;***
*Komparativ als Prädikativ;*
***werden** und **haben** als Vollverben;*
*Nebensatz mit **damit;** Konjunktiv II (Vergangenheit);*
*Adverb **mindestens; wirken***

## Grenze

**254** Ein Auto fährt **über** die Grenze. Der Zöllner winkt es **an** die Seite und sagt zu dem Fahrer: „Sie sind der erste Autofahrer, **der in** diesem Monat nicht die Höchstgeschwindigkeit überschritten hat! Dafür bekommen Sie 1.000 Euro!" Daraufhin sagt der Fahrer: „Toll! Von dem Geld kann ich gleich meinen Führerschein machen!" Da meldet sich der Beifahrer: „Glauben Sie ihm nichts! Er erzählt immer so viel dummes Zeug, **wenn** er betrunken ist." Da ruft eine Stimme vom Rücksitz: „Ich habe euch doch gesagt, **dass** wir mit dem gestohlenen

Wagen nicht weit kommen!" Schließlich öffnet sich der Kofferraum und jemand ruft: „Sind wir schon über die Grenze?"

*Nebensätze; Wechselpräpositionen u.a.*
*für Fortgeschrittene; nicht witzig für Teilnehmer, die Betrunkenheit*
*überhaupt nicht komisch finden*

**255** Der Zollbeamte beugt sich in das **geöffnete** Fenster **des Autos** und fragt den Fahrer: „Alkohol, Zigaretten?" Der Fahrer antwortet: „Nein, bitte zweimal Kaffee!"

*Partizip II als Attribut; Genitiv*

**256** Der Zöllner fragt den Touristen: „Was **haben** Sie in Ihrem Rucksack?" „Futter für meine Kaninchen." „Es **riecht** aber **nach** Kaffee!" „**Wenn** sie den nicht fressen, kriegen sie gar nichts!"

***haben** als Vollverb; Verb + Präposition:*
***riechen** + **nach** + Dativ; Nebensatz mit **wenn** an Position I*

## Hotel

**257** In der **Hotelrezeption** hängt ein großes Schild: „Hier spricht **man** Deutsch, Englisch, Französisch, Holländisch, Türkisch, Italienisch, Schwedisch, Spanisch, Ungarisch, Finnisch ..."
„Das ist **ja** toll", sagt ein **Hotelgast** zu dem Portier. „Wer spricht **denn** alle diese Sprachen?" „Die Gäste natürlich."

*Komposita; Indefinitpronomen **man**;*
*Wortschatz: diverse Fremdsprachen; Partikeln **ja**, **denn***

**258** Zwei Studenten sind auf **Europareise**. Sie **kommen** in einem Hotel **an**. Der **Hoteldirektor** fragt sie: „**Möchten** Sie ein Zimmer mit **Badewanne** oder mit Dusche?" Der eine Student hat Angst, **dass** sie nicht genug Geld für ein teures Zimmer haben und fragt: „Was ist der Unterschied?" „In der Dusche **muss man** stehen, in der **Badewanne** liegen!", antwortet der Direktor.

*Komposita; trennbares Verb **ankommen**;*
*Modalverben **mögen** (Konjunktiv II), **müssen**; Nebensatz mit **dass**;*
*Indefinitpronomen **man***

**259**  Im Hotel findet der Gast nach dem **Händewaschen** kein **Handtuch** im **Badezimmer**. Der **herbeigerufene Etagenkellner** sagt: „Tut mir Leid, so vornehm sind wir hier nicht. Sie müssen die Hände zum **Trocknen** aus dem Fenster halten." Der Gast antwortet: „Da bin ich aber froh, **dass** ich kein **Sitzbad** genommen habe!"

*Komposita; Partizip II als Attribut;*
*substantiviertes Verb; Nebensatz mit **dass***
*nicht komisch für besonders prüde Teilnehmer*

**260**  Der Hotelgast sagt zum Hotelportier: „Heute Morgen standen vor meiner Tür ein **brauner** und ein **schwarzer** Schuh." Der Hotelportier antwortet: „Komisch, da sind Sie heute schon der **Zweite**."

*Adjektivdeklination;*
*Farbadjektive als Attribute; substantiviertes Zahladjektiv*

**261**  Ein Hotelgast **beschwert sich**: „Heute Nacht haben in meinem Zimmer drei Mäuse **miteinander gekämpft**."
Der Hotelbesitzer antwortet: „Was **verlangen** Sie noch **für** 50 Euro? Vielleicht einen Stierkampf?"

*reflexives Verb **sich beschweren**;*
*reziprok gebrauchtes Verb **miteinander kämpfen**;*
*etwas (Akkusativ) **verlangen** + **für** + Akkusativ*

**262**  Der Hotelgast **beschwert sich bei** dem Direktor des Hotels **nach** einer schlaflosen Nacht: „Ich konnte nicht schlafen, **weil** das Bett so schlecht war. Die Matratze hängt **bis** zum Boden!" „Unmöglich", sagt der Hotelchef. „In diesem Bett hat schon Napoleon geschlafen!" „Das mag sein", antwortet der Gast. „Aber bestimmt **mit** seinem Pferd!"

*reflexives Verb **sich beschweren** + **bei** + Dativ;*
*Präpositionen **nach**, **bis**, **mit** + Dativ;*
*Nebensatz mit **weil***
*Vorwissen: Napoleon, die Napoleonischen Kriege in Deutschland*

**263**  Ein Tourist macht Urlaub in einem alten englischen **Schloss**, **das** jetzt ein Hotel ist. Er geht in der Nacht aus seinem Zimmer und **verirrt sich in** den langen dunklen Korridoren. Da

trifft er ein **Gespenst**, das ihm **erklärt**, es **laufe** nun schon
siebenhundert Jahre durch das Schloss. „Das ist ja wunder-
bar", sagt der Tourist. „Dann **können** Sie mir bestimmt sa-
gen, **wo** die Toiletten sind."

*Relativsatz;*
*nicht trennbares reflexives Verb **sich verirren** + in + Dativ;*
*Wortschatz **Schloss, Gespenst**; Konjunktiv I (indirekte Rede);*
*Modalverb **können**; erklären, **sagen** + Dativ*

## Bauernhof

**264** Ein Mann ist Feriengast **auf** einem Bauernhof. Der Bauer
**zeigt** ihm stolz seine **Pferde, Hühner** und **Enten.**
Am nächsten Morgen bekommt der Feriengast das erste
Frühstück. **Auf** dem Tisch steht auch ein ganz kleines Schäl-
chen mit einem winzigen Tropfen Honig. Der Gast sagt:
„Ach, eine Biene **halten** Sie auch?"

*Wortschatz: Bauernhof; Pluralformen der Tierbezeichnungen;*
***jemandem** (Dativ) **etwas** (Akkusativ) **zeigen**;*
*Wechselpräposition **auf** + Dativ; **halten** = **haben***

## Strand

**265** Ein Mann fragt eine Frau: „Ist das Ihr Sohn, **der** gerade mit
meinem Strohhut im Sand gräbt?" „Nein", sagt die Frau.
„Mein Sohn ist der, **der** gerade **ausprobiert, ob** Ihr Koffer-
radio auch unter Wasser funktioniert."

*Relativsätze; Präposition **mit** + Dativ;*
*trennbares Verb **ausprobieren**; indirekte Frage mit **ob***

## Vor und nach dem Urlaub

**266** Ein Nachbar sagt zum anderen: „Ich habe gehört, ihr **fahrt**
**dieses Jahr doch** nicht **nach** Argentinien?" „Das ist ganz
falsch! **Nicht nach** Argentinien sind wir **im letzten Jahr** ge-
fahren. **Dieses Jahr fahren** wir **nicht nach** Hawaii!"

*Partikel **doch**;*
***fahren + nach** + Land; Zeitangaben;*
*Verneinung mit **nicht***

**267** Die Frau sagt zu ihrem Mann: „Die Kinder sind **bei** Oma und Opa, die Katze **bei** Tante Frieda, den Hund versorgt Onkel Helmut, der Papagei ist **bei** den Nachbarn, die Mäuse haben die anderen Nachbarn ... wieso **wollen** wir **eigentlich** noch **wegfahren**?"

*Präposition **bei** + Dativ; Modalverb **wollen**;*
*Partikel **eigentlich**; trennbares Verb **wegfahren***
*Nicht witzig für Teilnehmer aus Kulturen, in denen es selbstverständlich ist,*
*dass man mit Familie verreist oder in denen im Urlaub nicht verreist wird.*

**268** Ein Mann trifft seinen Freund zum ersten Mal nach dem Urlaub. Der Freund sagt zu ihm: „Du hast **ja** im Urlaub richtig dicke Backen bekommen. War das Essen so gut?" Der Mann antwortet: „Nein, ich **habe** jeden Morgen für alle die **Luftmatratzen** aufblasen **müssen**."

*Partikel **ja**; Kompositum;*
*Modalverb **müssen** im Perfekt*

**269** Eine Frau fragt ihre Nachbarin: „**Hat** Ihr Mann auf seiner Reise nach Japan etwas **Neues gelernt**?"
Die Nachbarin antwortet: „Oh ja, er isst jetzt **Sauerkraut** mit **Stäbchen**!"

*Perfekt; substantiviertes Adjektiv; **lernen** + Akkusativ;*
*Wortschatz und Vorwissen: **Sauerkraut**, **Stäbchen***

# Bestellungen im Restaurant

*Diese Witze sind nur zum Lachen, wenn Hörer wie Erzähler öfter ins Restaurant essen gehen. Unter unseren Teilnehmern gibt es etliche, die aus finanziellen Gründen, oder/und weil sie fremder Küche nicht trauen, kaum essen gehen. Außerdem ist ein gewisser Masochismus dabei hilfreich, die schlechte Behandlung durch die Bedienung lustig zu finden.*

### Die pampige Bedienung

**270** Gast: „Herr Ober, die **Karte** bitte!" Ober: „Von Deutschland oder von Europa?"

*Ein „Teekessel"-Witz: **Karte** in der Bedeutung von **Speisekarte** und von **Landkarte***

**271** „Herr Ober, bringen Sie mir bitte **das, was** der Herr dort drüben am Nachbartisch isst!" „Ich glaube nicht, **dass der sich das wegnehmen** lässt."

*Demonstrativpronomen **das, der**; Relativsatz; Nebensatz mit **dass**; trennbares Verb **jemandem** (Dativ) **etwas** (Akkusativ) **wegnehmen**; **lassen** + Infinitiv*

**272** Der Gast fragt den Kellner: „Was ist **der Unterschied zwischen** einem ‚Rumpsteak Spezial' und einem normalen Rumpsteak?" Kellner: „Zum ‚Rumpsteak Spezial' geben wir ein **schärferes** Messer."

*__der Unterschied zwischen__ + Dativ, Komparativ als Attribut*

**273** In einem Café bestellt ein Gast einen Kaffee **ohne** Sahne. Nach fünf Minuten kommt der Kellner **an** seinen Tisch und sagt: „Tut mir Leid, mein Herr, die Sahne **ist** leider **alle**. **Möchten** Sie dann einen Kaffee ohne Milch?"

*Wechselpräpositionen **ohne, an** + Akkusativ; **alle sein**; Modalverb **mögen** (Konjunktiv II) + Akkusativ*

**274**   „Herr Ober, ich habe **Hunger wie ein Wolf**, was **können** Sie
mir **empfehlen?**" „Lammbraten, mein Herr!"

*Modalverb **können**;*
*jemandem (Dativ) etwas (Akkusativ) **empfehlen***
*Redensart: Hunger haben wie ein Wolf*

**275**   *makabre Variante:*
„Ich habe **Hunger wie ein Wolf**", sagt der Gast. Der Kellner
darauf: „Tut mir Leid, aber wir servieren keine Großmütter."

*Redensart: Hunger haben wie ein Wolf*
*Vorwissen: das Märchen von Rotkäppchen*

**276**   Ober: „Möchten Sie das Menü **zu** 15 Euro oder **zu** 20 Euro?"
Gast: „Was ist denn der Unterschied?" Ober: „Fünf Euro!"

*Präposition **zu** + Preis*

**277**   Gast: „Ich will wirklich gut essen, was **raten** Sie mir?"
Ober: „Gehen Sie ins Restaurant **gegenüber**."

*jemandem (Dativ) etwas (Akkusativ) **raten**;*
*Präposition **gegenüber***

**278**   In einem Café sitzen drei Herren. „Was **wünschen** Sie?",
fragt die Kellnerin. „**Für** mich einen Kaffee!", sagt **der erste**.
„**Für** mich einen Mokka!" sagt **der zweite**. „**Für** mich einen
Espresso!", sagt **der dritte**. Die Kellnerin ruft in die Küche:
„Drei Kaffee, bitte!"

*wünschen + Akkusativ; Ordinalzahlen + bestimmter Artikel;*
*Präposition **für** + Akkusativ; Satzellipsen*

**279**   Der Ober **will** kassieren. Er fragt den Gast: „Hatten Sie eine
Zigarre **zu** 50 Cent oder eine **zu** zwei Euro? „**Das** weiß ich
nicht mehr!" „Dann war es die zu zwei Euro, die zu 50 Cent
vergisst man nicht."

*Modalverb **wollen**; Präposition **zu** + Preis;*
*Demonstrativpronomen **das**; Raucherwitz*

**280** In einer Berliner Kneipe. Gast: „Ich **hätte** gern eine Boulette und ein Brötchen." Der Wirt serviert die Boulette und sagt: „Das Brötchen ist schon drin." Gast: „Ich **hätte** aber gern noch ein Extrabrötchen!" Wirt: „**Das** ist auch schon drin!"

*Vorwissen: **Kneipe**;*
*Konjunktiv II von **haben** als Wunsch;*
*Demonstrativpronomen **das***

**281** „Herr Ober, haben Sie kalte Rippchen?" „Nein, ich trage heute Angora-Unterwäsche!"

*Ein uralter Witz.*
*Wegen des Wortschatzes für Fortgeschrittene*

**282** „Regnet **es** hier viel?", fragt der Tourist den Kellner. „Weiß ich nicht. **Dies** ist nicht **mein** Tisch."

*es als grammatisches Subjekt;*
*Demonstrativ- und Possessivpronomen*

## Der unzufriedene Gast

**283** „Herr Ober! **Kann** ich noch ein Stück Zucker **haben**?" „Sie **haben** doch schon zehn Stück **gehabt**." „Ja, aber die haben **sich** alle **aufgelöst**."

*Modalverb **können**;*
***haben** als Vollverb (Präsens);*
*(unecht) reflexives und trennbares Verb **sich auflösen***

**284** Ein Ober tritt **an** den Tisch **eines Gastes**. „Ihr Glas ist leer, mein Herr. **Darf** ich Ihnen noch eins bringen?" „Was **soll** ich **mit** zwei leeren Gläsern?"

*Präposition **an** + Akkusativ; Genitiv;*
*Präposition **mit** + Dativ; Modalverben **dürfen, sollen***

**285** Der Ober fragt den Gast: „**Haben** Sie noch einen Wunsch, mein Herr? Gast: „Ja, **bringen** Sie mir bitte etwas Geld, ich **möchte** zahlen."

***haben** als Vollverb; Imperativ;*
*jemandem (Dativ) etwas (Akkusativ) **bringen**;*
*Modalverb **mögen** (Konjunktiv II)*

# Beschwerden im Restaurant
## (ohne Grammatikanmerkungen)

Herr Ober, in meiner Suppe ist eine Fliege! – *Witze sind zwar schon älteren Datums, aber auch heute noch in jeder Witzesammlung zu finden. Viele Deutsche lieben eklige Witze, erzählen sie besonders gern beim Essen und freuen sich über die (oft nur gespielte) angeekelte Reaktion ihrer Zuhörer. Diese Witze sind absolut zu vermeiden bei Teilnehmern, in deren Kultur über Ekliges nicht gesprochen wird, zumal nicht bei Tisch!*

### Die Fliege in der Suppe

286 „Herr Ober! In meiner Suppe schwimmt ein Hörgerät!"
„Wie bitte?"

287 „Herr Ober! In meiner Suppe schwimmt eine Fliege!"
„Was soll sie denn sonst machen? Rad fahren?"

288 „Herr Ober! In meiner Suppe schwimmt eine Fliege!"
„Das macht nichts. Die isst nicht viel."

289 „Herr Ober! Hier schwimmt eine Fliege in meiner Suppe!"
„Komisch, die wollte doch auf das Eis, zum Schlittschuhlaufen!"

290 „Herr Ober, in meiner Suppe schwimmt eine Fliege!"
„Aber nicht mehr lange. Sehen Sie die Spinne am Tellerrand?"

291 „Herr Ober! In meiner Suppe schwimmt eine Fliege!"
„Das stimmt nicht, mein Herr. Die ist tot."

292 „Herr Ober! In meiner Butter ist eine Fliege!"
„Falsch, mein Herr. Erstens ist die Fliege eine Motte und zweitens ist die Butter Margarine!"

293 Gast: „Was macht der Fliege in meiner Suppe, Herr Ober?"
Ober: „Das heißt ‚die' Fliege! Die Fliege ist feminin."
Gast: „Sie haben aber gute Augen!"

294 „Herr Ober! Auf meinem Hasenbraten sitzt eine Fliege!"
„Das ist unmöglich, mein Herr!" „Ist das denn etwa keine
Fliege hier?" „Doch, aber es ist kein Hasenbraten!"

295 „Herr Ober! In meiner Suppe schwimmt ein Frosch!"
„Das tut mir Leid, mein Herr, die Fliege ist im Urlaub!"

296 „Herr Ober! In meiner Suppe schwimmt ein Frosch!"
„Das tut mir Leid, mein Herr, der hat die Fliege gefressen!"

## Der pampige Ober und der unzufriedene Gast

297 „Herr Ober! Ihre Krawatte hängt in meiner Suppe!"
„Das macht nichts. Die muss sowieso in die Reinigung!"

298 „Herr Ober! In meiner Tischdecke ist ein Loch!"
„Moment bitte! Ich bringe Ihnen sofort Nadel und Faden."

299 Gast: „Herr Ober – warum sind zwei Spiegeleier teurer als
zwei Rühreier?"
Ober: „Weil man Spiegeleier nachzählen kann."

300 „Herr Ober! Warum ist Ihr Daumen auf meiner Wurst?"
„Wollen Sie, dass sie zum dritten Mal runterfällt?"

301 „Herr Ober, die Speisekarte ist ja schon drei Wochen alt!"
„Das macht nichts, es ist alles noch da!"

302 „Herr Ober, dieses Schnitzel ist so zäh, das kann man ja über-
haupt nicht essen." „Tut mir Leid, mein Herr. Sie haben es
verbogen, also müssen Sie es auch bezahlen!"

**303** „Herr Ober! Dieses Schnitzel ist aber sehr klein!" „Das tut mir Leid!" „Und es ist auch noch sehr zäh!" „Dann seien Sie doch froh, dass es so klein ist!"

**304** Der Chef sagt zum Ober: „Was hat der Herr von Tisch drei in das Beschwerdebuch geschrieben?" Ober: „Nichts, er hat das Steak eingeklebt!"

**305** Gast: „Herr Ober! Ich warte schon zwei Stunden auf mein Fünf-Minuten-Steak!" Ober: „Seien Sie froh, dass Sie keine Tagessuppe bestellt haben!"

**306** „Herr Ober! Meine Suppe ist kalt!" „Kein Wunder! Die haben sie ja bereits vor einer Stunde bestellt!"

**307** „Herr Ober! Ich kann diese Suppe wirklich nicht essen!" „Warum nicht? Ist sie zu fett?" „Nein, ich habe keinen Löffel."

**308** „Herr Ober, dieser Hummer ist nicht mehr frisch." „Der ist erst heute Morgen von der Nordsee gekommen!" „Ach ja? Aber wohl zu Fuß?"

**309** Der Gast zum Ober: „Die Forelle sieht aber gar nicht gut aus!" Der Kellner beugt sich über den Teller: „Kein Wunder, die ist ja auch tot!"

**310** „Herr Ober, der Apfelkuchen ist völlig ungenießbar!" „Entschuldigen Sie bitte, wir haben schon Apfelkuchen gebacken, da waren Sie noch gar nicht auf der Welt!" „Und warum servieren Sie den erst heute?"

**311** Gast zur Kellnerin: „Ist das ein Apfel- oder ein Pfirsichkuchen?" Kellnerin: „Schmecken Sie das denn nicht?" Gast: „Nein!" Kellnerin: „Dann ist es doch auch egal!"

**312** Der Ober sagt beim Servieren: „Es sieht nach Regen aus!" Gast: „Ja, aber wenn man ganz genau hinschaut, sieht man doch, dass es Kaffee ist!"

313 Gast: „Herr Ober! Soll das nun Tee oder Kaffee sein? Das schmeckt ja wie Petroleum." Ober: „Dann ist es Kaffee. Der Tee schmeckt nach Seife."

314 „Herr Ober! Der Kaffee ist kalt!" „Wenn Sie etwas Warmes wollen, müssen Sie ein Bier bestellen!"

315 „Herr Ober, der Kaffee ist kalt!" „Gut, dass Sie mir das sagen. Eiskaffee kostet nämlich einen Euro mehr."

316 Ober: „Dieser Kaffee ist etwas ganz Besonderes. Er kommt nämlich aus Brasilien." „Gast: „Ach so – darum ist er so kalt!"

317 „Herr Ober! Hier sind gar keine Stühle!" „Sie hatten doch nur einen Tisch bestellt!"

318 Der Ober fragt den Gast: „Hat es Ihnen geschmeckt, mein Herr?" Der Gast antwortet: „Ich habe schon besser gegessen." Der Ober: „Aber nicht bei uns."

319 *Variante:*
Der Gast sagt: „Ich habe schon bessere Steaks gegessen."
Darauf der Wirt: „Aber nicht bei mir."

320 „Herr Ober, gestern war das Steak doppelt so groß!" „Ist richtig, mein Herr. Aber gestern saßen Sie am Fenster, wo die Leute vorbeigehen!"

321 „Herr Ober, das Schnitzel hier ist kleiner als ein 10-Euro-Schein." „Es kostet ja auch nur acht Euro."

322 „Herr Ober, ich habe nur acht Euro bei mir. Was können Sie mir empfehlen?" „Gehen Sie in ein anderes Lokal, mein Herr!"

323 „Herr Ober! Der Wein ist ja trüb!" „Das kann nicht sein. Wahrscheinlich ist nur das Glas schmutzig!"

**324**  Der Ober fragt den Gast: „Mein Herr, wie hat es Ihnen ge-
schmeckt?" „Nicht schlecht — wenn die Suppe so warm ge-
wesen wäre wie der Wein, der Wein so alt wie das Steak und
das Steak so groß wie das Loch in der Tischdecke — dann
wäre es ein tolles Essen gewesen!"

**325**  Zwei Gäste kommen aus dem Restaurant. „So ein mieses Lo-
kal", schimpft der eine. „Die Suppe war versalzen, das Ge-
müse war kalt und das Fleisch zäh ..." „Richtig", sagt der an-
dere, „und wenn wir nicht so schnell gegangen wären,
hätten wir das alles auch noch bezahlen müssen!"

# Sport

## *Sport treiben*

**326** Ein Mann sagt zu seinem Freund: „Mensch, **du musst** Sport treiben! **Denk** mal an deine Großeltern und an deine Ur-großeltern, die waren alle kräftig und **kerngesund.**" Der Freund antwortet: „Na und? **Trotzdem** lebt **kein Einziger** von ihnen mehr!"

*Modalverb **müssen**; Imperative;*
*Adjektivkompositum; Hauptsatz mit Konjunktion **trotzdem**;*
*substantiviertes Adjektiv, Verneinung mit **kein***

**327** Ein Mann fragt seinen Freund: „Treibst du Sport?" „Na klar", antwortet der. „Ich spiele **Tennis, Fussball**, gehe zum **Bo-xen**, bin im **Ballett** und treibe **Leichtathletik.**" „Das ist ja enorm", sagt sein Freund. „Und wann machst du das alles?" „Morgen **fange** ich **damit an.**"

*trennbares Verb **anfangen** + **mit** + Dativ*
*(hier als Pronominaladverb **damit**); Wortschatz: diverse Sportarten*

## *Angeln*

**328** Zwei Angler sitzen am Fluss. Der eine Angler fragt den an-deren: „Warum **werfen** Sie **eigentlich** immer die **großen** Fische **zurück** und behalten nur die kleinen?" „**Weil** meine Frau nur eine **kleine** Bratpfanne **hat!**"

*Partikel **eigentlich**; Adjektivdeklination;*
*trennbares Verb **zurückwerfen** + Akkusativ;*
*Nebensatz mit **weil**; **haben** als Vollverb*

**329** Ein Mann sieht **stundenlang** einem Angler zu. Dann fragt er ihn: „Gibt es etwas **Langweiligeres** als Angeln?" Der Angler antwortet: „Ja, **stundenlanges Zusehen beim stunden-langen Angeln!**"

*Adjektivkompositum als Adverb und Attribut;*
*substantiviertes Adjektiv (im Komparativ);*
*Präposition **bei** + Dativ (Verschmelzung mit Artikel);*
*substantivierte Verben*

**330** Polizist: „Hier **dürfen** Sie nur mit **Erlaubnisschein** angeln."
Angler: „Danke für den Tipp. Ich versuche es die ganze Zeit
mit einem **Regenwurm**."

*Modalverb **dürfen**; Komposita*

**331** Ein Polizist sagt zu einem Angler: „**Können** Sie **nicht** lesen?
Auf dem Schild steht: ‚Angeln verboten!' Das kostet 30 Eu-
ro!" Der Angler antwortet: „Ich angle **doch** gar **nicht**. Ich ba-
de nur mein Würmchen!" Der Polizist: „Das kostet 25 Euro!"
Der Angler: „Wieso?" Der Polizist: „Ihr Würmchen trägt **kei-
ne** Badehose!"

*Modalverb **können**; Partikel **doch**;*
*Verneinung mit **nicht** und **kein***

**332** Polizist: „Sie angeln hier, wo man **das** nicht **darf**, und außer-
dem haben Sie keinen **Angelschein**!" Angler: „Das tue ich
nicht! Ich **lehre** die **Regenwürmer schwimmen**!"

*Demonstrativpronomen **das**; Komposita;*
*Modalverb **dürfen**; Relativsatz;*
***jemanden** (Akkusativ) **lehren** + Infinitiv*

**333** *Im Fischgeschäft*
Der Angler sagt zum Verkäufer: „**Geben** Sie mir bitte fünf
schöne Forellen. Aber **werfen** Sie mir die Fische zu, **damit**
ich zu Hause ehrlich sagen kann, ich **hätte** sie gefangen..."

*Imperativ;*
*trennbares Verb **jemandem** (Dativ)*
***etwas** (Akkusativ) **zuwerfen**;*
*(finaler) Nebensatz mit **damit**; Konjunktiv II*

**334** Ein Mann **prahlt** vor seinen Freunden **mit** einem großen
Fisch, den er vor kurzem gefangen hat: „Er war wirklich rie-
sig, etwa fünf Kilo!", sagt er. „Hat ihn jemand gesehen?", fra-
gen die Freunde. „Natürlich, sonst **hätte** er zehn Kilo **gewo-
gen**!", antwortet er.

***prahlen** + **mit** (Dativ) + **vor** (Dativ);*
*Relativsatz; Konjunktiv II*

## *Fußball*

**335** Der Trainer kommt nach Hause. Seine Frau fragt ihn: „Na, wie war das Training heute?" Der Trainer jammert: „Ich habe den Jungs gesagt, heute **sollten** sie spielen, wie sie noch nie **gespielt haben**." „Und was taten sie dann?" „Sie spielten, **als ob** sie noch nie **gespielt hätten**."

*Modalverb **sollen** (Konjunktiv II);*
*indirekte Rede (mit Konjunktiv II);*
***als ob** + Konjunktiv II*

**336** Ein Fussballer kommt nach Hause und erzählt stolz seiner Frau: „Ich **habe** heute zwei Tore **geschossen!**" Sie fragt: „Und wie **ist** das Spiel **ausgegangen?**" „Eins zu eins."

*Perfekt von **schießen** und vom trennbaren Verb **ausgehen**;*
*Wortschatz: Eigentor*

**337** Ein Fussballer hat sehr schlecht gespielt, **schiebt** aber **die** ganze **Schuld auf** den **Schiedsrichter**. In der **Kabine** sagt er zum Trainer: „Dem Kerl **trete** ich **in den Hintern!**" Der Trainer erwidert: „Mach das lieber nicht. Heute triffst du sowieso nicht!"

*Wortschatz: **die Schuld auf jemanden schieben**,*
***Schiedsrichter, Kabine**,*
***jemandem in den Hintern treten***

**338** Eine Fussballmannschaft fliegt nach Amerika. Die Männer **langweilen sich** und **beginnen**, im Flugzeug Fussball **zu spielen**. Der Pilot kann die Maschine kaum noch halten und schickt den Kopiloten nach hinten. Nach zwei Minuten ist absolute Ruhe. **Als** der Kopilot zum Cockpit **zurückkommt**, fragt ihn der Pilot: „Wie hast du das denn gemacht?" – „Na ja", antwortet der Kopilot. „Ich habe zu ihnen gesagt: Jungs, **es** ist schönes Wetter draußen, **spielt doch** vor der Tür!"

*(unecht) reflexives Verb **sich langweilen**;*
***beginnen** + Infinitiv mit **zu**;*
*Nebensatz mit **als**;*
*trennbares Verb **zurückkommen**;*
*Pronomen **es** als grammatisches Subjekt;*
*Imperativ; Partikel **doch***

## Pferderennen

**339** Ein Mann kommt vom Pferderennen und erzählt seinem
Freund: „Du, ich bin am **5.5.** geboren, ich wohne in der
Hausnummer **55** und habe **fünf** Kinder. Darum habe ich auf
das Pferd Nummer **fünf** gesetzt!" „Und – **hat** es **gewonnen?**"
„Nein, es **ist Fünfter geworden.**"

*Zahlwörter; Datum;*
*Kardinal- und Ordinalzahlen;*
*Perfekt von* **gewinnen, werden** *(als Vollverb)*

## Motorradrennen

**340** Der Startschuss ertönt. Alle Motorräder **rasen los, bis auf**
eins. Der Starter fragt: „Weshalb **fahren** Sie denn nicht **los?**"
„Das geht nicht. Sie **haben mir in den Reifen geschos-**
**sen!**", antwortet der Fahrer.

**bis auf** *(= außer);*
*trennbare Verben* **losrasen, losfahren;**
**jemandem** *(freier Dativ)* **in den Reifen** *(Akkusativ)* **schießen**

## Schwimmen

**341** Im Schwimmbad steht ein Mann **im** Anzug und **mit** einem
**aufgespannten** Schirm **unter** der Dusche. „Was machen Sie
denn da?", fragt ein anderer Badegast. Der Mann unter der
Dusche antwortet: „Ich **habe** heute mein Handtuch **verges-**
**sen.**"

*Partizip II als Attribut;*
*Präpositionen* **in** *(verschmolzen mit Artikel),* **mit, unter** *+ Dativ;*
**vergessen** *+ Akkusativ*

## Karate

**342** Ein Mann fragt seinen Freund: „Was macht ihr **denn eigentlich** im Karatekurs?" Der Freund antwortet: „Wir zerschlagen mit der Hand einen Ziegelstein." „Und wofür ist das gut?", fragt der Mann weiter. „**Wenn man** einmal **überfallen wird, kann man sich verteidigen**", antwortet der Freund. „Das verstehe ich. Aber wann **wird man denn** schon von **einem** Ziegelstein **überfallen**?"

*Partikeln **eigentlich, denn;***
*Nebensatz mit **wenn;***
*Indefinitpronomen **man;** nicht trennbares Verb **überfallen;***
*Vorgangspassiv; Modalverb **können;***
*(unecht) reflexives Verb **sich verteidigen***

# Tiere und Menschen

*In dieser Rubrik treten Tiere als sprachlose und nicht-agierende Begleiter oder als käufliches Objekt des Menschen auf.*

## Im und am Wasser

**343** Ein Spaziergänger sagt zu einem Angler: „Na, beißen die Fische?" Angler: „Nein, **Sie können sie** ruhig streicheln."

> *Modalverb **können**; Personalpronomen **Sie** (2. Person Singular) und **sie** (3. Person Plural)*

**344** Ein Tourist möchte im Meer baden. „Gibt es hier **Quallen, Krebse** oder **Seeigel?**", fragt er ängstlich einen **Einheimischen**. „**Keine** Angst", beruhigt der ihn, „**die werden** alle von den **Haien gefressen!**"

> *Verneinung mit **kein**; Demonstrativpronomen **die**; Vorgangspassiv Wortschatz: Quallen, Krebse, Seeigel, Haie, Einheimischer*

**345** *Am Strand*
„Sie haben **ja** einen **ausgezeichneten Wachhund!**", sagt ein Mann zu einem anderen. „Der **bewacht Ihre** Sachen wirklich gut." „Leider ist das nicht **mein** Hund. Ich stehe hier schon seit zwei Stunden und **kann** nicht **an meine** Sachen **heran**."

> *Partikel **ja**; Partizip II als Attribut; Kompositum; nicht trennbares Verb **bewachen** + Akkusativ; Possessivpronomen; trennbares Verb **herankönnen** + Präposition **an***

# Hunde

**346** Ein Mann sagt zu seinem Nachbarn: „Mein **neuer** Hund ist prima. **Jeden Morgen um 8 Uhr bringt** er eine Zeitung. Aber ich **habe gar keine abonniert!**"

*starke Adjektivdeklination; Zeitangaben;*
***bringen** + Akkusativ; Verneinung mit **(gar) kein**; Perfekt*

**347** „Mein Hund **kann** mit der Pfote die **Haustür öffnen**", prahlt Herr Müller. „**Na und?**", sagt Herr Meier, „Mein Hund hat einen eigenen **Haustürschlüssel!**"

*Modalverb **können**;*
***öffnen** + Akkusativ; Idiomatik: **Na und?**; Komposita*

**348** „Ich **wollte** meinen Hund dazu bringen, **dass** er bellt, **wenn** er sein **Fressen** haben **will**. Ich **habe** es ihm zwei Monate lang **vorgemacht**." „Und, bellt er jetzt, **wenn** er fressen **will?**" „Nein. Aber er frisst **nicht, wenn** ich **nicht** belle."

*Nebensätze mit **dass** und **wenn**;*
*Modalverb **wollen**; substantiviertes Verb;*
*trennbares Verb **jemandem** (Dativ) **etwas** (Akkusativ) **vormachen**;*
*Verneinung mit **nicht***

**349** Ein Mann kommt in ein Geschäft. Er **sieht** dort einen kleinen Hund. Er **möchte** den Hund **streicheln** und **fragt** den Verkaufer: „**Beißt Ihr** Hund?" Der Verkäufer antwortet: „Nein." Der Mann **streichelt** den Hund, und der Hund **beißt** ihn in die Hand. „Aua", sagt der Mann, „Sie haben **doch** gesagt, **Ihr** Hund beißt **nicht!**" Der Verkäufer sagt: „Das ist **nicht mein** Hund."

*Verben mit Akkusativ: **sehen, fragen, beißen, streicheln**;*
*Modalverb **mögen** (Konjunktiv II); Partikel **doch**;*
*Possessivpronomen; Verneinung mit **nicht***

**350** Ein Mann **will** einen Hund kaufen und geht in eine Tierhandlung. Er sieht einen **riesigen Bernhardiner** und bleibt interessiert stehen. „**300 Euro**", sagt der Tierhändler. Der Kunde zeigt auf einen **hübschen Schäferhund**. „**500 Eu-**

ro", sagt der Tierhändler. Dann erblickt der Kunde einen kleinen **Spaniel**. „**1.000 Euro**", sagt der Tierhändler. Der Kunde sieht einen winzigen **Dackel**. „**2.000 Euro**", sagt der Tierhändler. „**Sagen Sie**", fragt der Kunde, „was kostet bei Ihnen **gar kein** Hund?"

*Modalverb **wollen**; Adjektivdeklination;*
*Zahlwörter; Imperativ; Verneinung mit **(gar) kein***
*Wortschatz: Hunderassen,*
*Anmerkung: Große Hunde sind tatsächlich billiger als kleine,*
*weil sie mehr Welpen zur Welt bringen.*

## Vögel

**351** Ein Junge **erzählt** seinem Freund: „Unsere Katze **hat bei** der **Vogelausstellung** den ersten Preis **geholt!**" „Wieso das?" „Die **Käfigtür** war offen!"

*erzählen + Dativ; holen + Akkusativ;*
*Komposita; Präposition **bei** + Dativ; makaber*

**352** Ein Mann kommt in eine Tierhandlung und **will** einen Papageien kaufen. Er fragt: „Wie viel kostet **dieser wunderschöne** bunte Papagei?" Der Verkäufer antwortet: „**Der** ist nicht billig. Er **spricht drei Sprachen**. 2.000 Euro müssen Sie **schon** bezahlen." Der Kunde sagt: „**Das** ist viel Geld. Was **soll denn dieser zweifarbige** Papagei gleich daneben kosten?" Verkäufer: „3.000 Euro." Mann: „Was?? **Der** ist ja **noch teurer** als **der** schöne bunte!" Verkäufer: „Ja, **das** stimmt. Aber **der spricht fünf** Sprachen." Mann: „Und was **muss** ich für **diesen** kleinen grauen Papagei da links bezahlen?" Verkäufer: „Der kostet 4.000 Euro." Mann: „4.000 Euro für so einen mickrigen Vogel! Was **kann der denn?**" Verkäufer: „Was er **kann, das** weiß ich auch nicht so recht. Aber die anderen sagen ‚Chef' zu ihm!"

*Modalverben **wollen, sollen, müssen**;*
*Demonstrativpronomen **der, das, dieser**; Adjektivkomposita;*
*Partikeln **schon, denn**;*
*Idiomatik: **eine (zwei, drei) Sprache(n) sprechen***
*(= **sie beherrschen**); Steigerungspartikel **noch**;*
*Komparativ als Prädikativ;*
***können** als Vollverb + Akkusativ*

**353** Ein Mann läuft mit einem Pinguin durch die Stadt. Ein Passant fragt ihn: „Wo **haben** Sie den Pinguin her?" Der Mann mit dem Pinguin antwortet: „Ich habe ihn gefunden. Was **soll** ich **bloß** mit ihm machen?" „**Gehen Sie doch** mit ihm **in** den Zoo."
Nach ein paar Stunden **treffen sich** die Männer noch einmal auf der Straße. Der Pinguin ist immer noch bei dem Mann. Der andere sagt: „Ich habe Ihnen **doch** gesagt, **gehen Sie** mit dem Pinguin **in** den Zoo!" „Dort waren wir **ja auch**. Und jetzt **gehen** wir **ins** Kino!"

*haben als Vollverb; Partikeln **bloß, doch, ja, auch**;*
*Modalverb **sollen**; Imperativ;*
*reziprok gebrauchtes Verb **sich treffen**;*
***gehen + in** + Akkusativ*

## Ratten

**354** Ein Mann kommt in eine Zoohandlung und **will** Ratten kaufen. „Wozu **brauchen** sie die denn?", fragt der Verkäufer. „Ich habe meine Wohnung gekündigt und **muss** sie **so** verlassen, **wie** sie beim **Einziehen** war!"

*Modalverben **wollen, brauchen, müssen**;*
*Nebensatz mit (**so**) **wie**; substantiviertes Verb;*
*(Zoohandlung = Tiergeschäft)*

## Zebra

**355** Eine **Schulklasse besucht** den Zoo. Eine Schülerin sieht am Zaun **des Zebrageheges** das Schild: „**Vorsicht, frisch gestrichen!**" Da sagt sie zu ihrer Freundin: „Ich habe immer gedacht, **dass** die Streifen echt **wären**!"

*besuchen + Akkusativ; Genitiv; Komposita;*
*Satzellipse (Zustandspassiv); Nebensatz mit **dass**;*
*Konjunktiv II von **sein***

# Tiere als Menschen

*Diese Art von Witzen gehört zum surrealistischen, zum absurden Humor. Sie kommt aus der angelsächsischen Tradition der „Shaggy-Dog-Stories". Ihr Witz beruht darauf, dass Tiere wie Menschen handeln und dabei etwas „Schräges" tun. Diese Art von Humor können Teilnehmer, die aus Kulturen kommen, in denen Tiere als eine grundsätzlich unter dem Menschen stehende Spezies angesehen werden, unverständlich und (deshalb) nicht komisch finden.*

## Eisbär

**356** *Am Nordpol*

Ein **kleiner Eisbär** fragt **seine** Mutter: „Mama, war **mein** Opa auch ein **Eisbär?"** „Ja, natürlich, **mein Kleiner."** „Und **dein** Opa auch??" „Ja, auch **der."** „**Mir ist** aber trotzdem **kalt!"**

*Wortschatz: Komposita **Nordpol, Eisbär**;*
*Adjektivdeklination; Possessivpronomen;*
*substantiviertes Adjektiv; Demonstrativpronomen **der**;*
*__jemandem__ (Dativ) __ist kalt__*

**357** Zwei Eisbären gehen in der Wüste spazieren. Der eine sagt: „Hier ist **es** bestimmt glatt!" „Wieso **denn?"** „Na, siehst du **denn** nicht, wie hier **gestreut ist?"**

*__es__ als grammatisches Subjekt; Partikel **denn**; Zustandspassiv*

## Ente

**358** Eine Ente **watschelt** in ein Café und **bestellt** einen Cappuccino. „War meine Schwester heute hier?", **fragt** sie die Kellnerin. „Das kann ich nicht mit Sicherheit sagen. Wie **sieht** sie **denn aus?"**, fragt die Kellnerin.

*Wortschatz: **watscheln**;*
*Verben mit Akkusativ **bestellen, fragen**;*
*trennbares Verb **aussehen**; Partikel **denn***

**359** Eine Frau geht in die Praxis **eines Arztes**. Auf ihrem Kopf steht eine Ente. Der Arzt fragt: „Was **fehlt** Ihnen **denn?"** „Mir **klebt** eine Frau an den Füßen", antwortet die Ente.

*Genitiv; Partikel **denn**; **jemandem** (Dativ) **fehlt etwas**; **jemandem** (Dativ) **klebt etwas an***

## Fisch

**360** Zwei Fische **treffen sich**. Der eine fragt den anderen: „Was machst du **denn** heute Abend?" Der andere antwortet: „Ich glaube, ich **gehe schwimmen!"**

*reziprok gebrauchtes Verb **sich treffen**; Partikel **denn**; **gehen** + Infinitiv (ohne **zu**)*

## Fledermaus

**361** In einer Höhle hängen viele Fledermäuse ordentlich mit dem Kopf **nach unten**. Nur eine hält den Kopf **nach oben**. Eine Fledermaus fragt ihre Nachbarin: „Was **ist denn mit** *der* **los?"** Die Nachbarin antwortet: „Ach **nichts**, die macht **nur** wieder Gymnastik."

*Lokaladverbien mit Präposition; Partikeln **denn, nur**; Indefinitpronomen **nichts**; (betontes) Demonstrativpronomen **die** (im Dativ); Idiomatik: **etwas ist los mit jemandem** (Dativ)*

## Floh

**362** Zwei Flöhe **spielen** schon seit vielen Jahren Lotto. Endlich **hat** der eine 500 Euro **gewonnen**. Sein Freund fragt ihn: „Was machst du denn **mit** dem Geld?" Der Gewinner antwortet: „Ich **kaufe** mir einen großen Hund, ganz **für** mich allein!"

*Präsens mit Vergangenheits- und Zukunftsbedeutung; Perfekt; Präposition **mit** + Dativ; **jemandem** (freier Dativ) **etwas** (Akkusativ) **kaufen**; **für** + Akkusativ*

**363** Ein Floh sagt zum anderen: „**Wollen** wir laufen oder **einen Hund nehmen?"**

*Modalverb **wollen**; **einen Hund nehmen** (wie **ein Taxi/den Bus nehmen**)*

# Hund

**364** Zwei Hunde **treffen sich** auf der Straße. Der eine sagt: „Ich bin adelig, ich heiße ‚Hasso **vom** Schlosspark'. Und wer bist du?" Der andere antwortet: „Ich bin auch adelig, ich heiße ‚Runter **vom** Sofa'!"

*reziprok gebrauchtes Verb **sich treffen**;*
*Vorwissen: adelig, der Adel, Adelstitel als Namensbestandteil*
*„von", „vom" usw.*

**365** Das Telefon klingelt. Der Hund **nimmt** den Hörer **ab** und sagt: „Wau Wau!" Der Anrufer fragt: „Wie bitte?" Der Hund: „WAU WAU!" Der Anrufer: „WIE BITTE?" Der Hund: „WILHELM-ANTON-ULRICH! WILHELM-ANTON-ULRICH!"

*trennbares Verb **abnehmen** + Akkusativ;*
*Vorwissen: das deutsche Telefon-Alphabet*

**366** In einem Café spielt ein Mann Schach **mit** seinem Hund. Ein zweiter Mann tritt **an** den Tisch und sagt: „Sie **haben aber** einen klugen Hund." – „Wieso", antwortet der **Schachspieler**, „er verliert **doch** immer."

*Präpositionen **mit** + Dativ und **an** + Akkusativ;*
***haben** als Vollverb;*
*Partikeln **aber**, **doch**; Kompositum*

**367** Im Zug spielt ein Mann Karten mit seinem Hund. Die **Mitreisenden** staunen. „Ach", sagt der **Hundebesitzer** bescheiden, „so gut ist er **auch** nicht. **Immer wenn** er gute Karten **hat**, wedelt er mit dem Schwanz."

*substantiviertes Partizip I;*
*Kompositum, Partikel **auch**;*
*Nebensatz mit (**immer**) **wenn** (= jedes Mal, wenn);*
***haben** als Vollverb*

**368** Eine Dame sitzt im Café. Plötzlich **geht** die Tür **auf** und ein Pudel **kommt herein**. Er **setzt** sich **an** einen Tisch, **bestellt** ein Schokoladeneis, **isst** es, **bezahlt** und geht wieder.
**Als** der Hund weg ist, sagt die Dame zum Kellner: „Merkwürdig, nicht?" „Sehr merkwürdig", sagt der Kellner, „**sonst** kauft er immer Vanilleeis."

*trennbare Verben **aufgehen, hereinkommen**;*
*(unecht) reflexives Verb **sich setzen** + an + Akkusativ;*
*Verben mit Akkusativ **bestellen, essen, bezahlen**;*
*Nebensatz mit **als**;*
*Adverb **sonst***

## Igel

**369** Zwei Igel **treffen sich**. Der eine Igel hat eine **verbundene** Pfote. Der andere fragt ihn: „Was hast du **denn** gemacht?" Der Igel mit der **verbundenen** Pfote antwortet: „Ich **habe mich gekratzt**."

*reziprok gebrauchtes Verb **sich treffen**;*
*Partizip II als Attribut;*
*Partikel **denn**;*
*(unecht) reflexives Verb **sich kratzen***

## Kamel

**370** Das Kamelkind fragt seinen Vater: „Du, Papi, warum haben wir **eigentlich** zwei Höcker auf dem Rücken?" Darauf der Kamelvater: „Darin speichern wir die Nahrung, **wenn** wir durch die Wüste ziehen." Kamelkind: „Und warum haben wir so lange Wimpern?" Kamelvater: „**Damit** uns der Sand **nicht** in die Augen kommt, **wenn** wir durch die Wüste ziehen." Kamelkind: „Und warum haben wir Hufe anstelle von Füßen?" Kamelvater: „**Damit** wir **nicht** im Sand einsinken, **wenn** wir durch die Wüste ziehen." Kamelkind: „Und was machen wir **dann** im Zoo?"

*Partikeln **eigentlich, dann**;*
*Nebensätze (final) mit **damit**; Nebensätze mit **wenn**;*
*Verneinung mit **nicht**; Wortschatz: **Kamel, Höcker, Hufe***
*ein trauriger Witz*

## Katze

**371** Eine Katze und eine Maus gehen in ein Café. Die Maus sagt: „Ich **möchte** gern ein Stück Nusskuchen mit Sahne." Die Kellnerin fragt die Katze: „Und was **möchten** Sie?" „Ich **möchte** nur einen Klacks Sahne auf die Maus."

*Modalverb* **mögen** *(Konjunktiv II)+ Akkusativ; Mengenangabe* **Klacks**
*makaber*

## Kuh

**372** Zwei Kühe **treffen sich** auf der Wiese. „**Hast** du **keine Angst vor** dem Rinderwahnsinn?" „Das **ist** mir **egal**. Ich bin eine Ente."

*reziprok gebrauchtes Verb* **sich treffen;**
**Angst haben + vor** *+ Dativ;*
**jemandem** *(Dativ)* **ist etwas egal;**
*Verneinung mit* **kein**
*Vorwissen: Rinderwahnsinn*

## Küchenschabe

**373** Zwei Küchenschaben sitzen in einer Mülltonne und fressen. Die eine Küchenschabe **fängt an** zu erzählen: „Du, ich war gestern in dem Restaurant gegenüber, das gerade eröffnet hat. **Alles** ist so neu dort! Die Küche ist **blitzblank**, der Boden hat **schneeweiße** Kacheln. Überall ist geputzt, es ist so sauber und hygienisch, **dass alles** glänzt!"
„Oh bitte", sagt die andere Küchenschabe mit **verzogenem** Mund, „erzähl das nicht, **während** ich esse!"

**anfangen** *+ Infinitiv mit* **zu;**
*Adjektivkomposita; Indefinitpronomen* **alles;**
*Partizip II als Attribut;*
*Nebensätze mit* **während, dass**
*(evtl. ekelhafte Tiere)*

## *Löwe*

**374**  Im **Zirkus**. Der kleine Löwe **muss** zum ersten Mal raus in die
**Manege**. **Ängstlich** fragt er seinen Vater: „Papa, warum
sind da draußen **denn** so viele Menschen?" „**Vor denen**
**brauchst** du wirklich keine **Angst zu haben**. Du siehst **ja**,
die sitzen alle **hinter** dem Gitter!"

> Modalverb *müssen;*
> Adverb *ängstlich;*
> Partikeln *denn, ja;*
> **Angst haben** + **vor** + Dativ des Demonstrativpronomens **die***;*
> in der 3. Person Plural; **brauchen** + Infinitiv mit **zu***;*
> Präposition *hinter* + Dativ
> Wortschatz: Zirkus, Manege, Gitter

## *Maus*

**375**  Vier Mäuse **wohnen** zusammen in einer **Wohngemein-**
**schaft**. Plötzlich **kommt** eine Maus aus der Küche und fragt:
„Wer **hat** meinen Käse **gegessen**?" Die zweite Maus **kommt**
auch und schreit: „Wer **hat** meinen Wein **getrunken**?" Die
dritte Maus **jammert**: „Und wer **hat** meinen CD-Player **be-**
**nutzt**?" Nach ein paar Minuten **kommt** die vierte Maus und
**sagt: „Schmatz, hick, tscha tscha tscha!"**

> Kompositum; Zeitenwechsel Präsens/Perfekt;
> Interjektionen
> ein Witz zum Erzählen (nicht lustig für Teilnehmer,
> die dem Alkohol ablehnend gegenüberstehen)

**376**  Eine **Mäusefamilie** geht spazieren und trifft einen großen
Hund. Vater Maus ruft laut: „Wau Wau!" Der Hund **läuft**
**weg**. „Was hast du da gesagt?", fragt ein **Mäusekind**.
„Siehst du, mein Sohn, wie **wichtig es ist**, eine Fremdspra-
che **zu können**?", antwortet der Vater.

> Komposita;
> trennbares Verb *weglaufen;*
> **können** (= **beherrschen**) als Vollverb;
> **es ist wichtig** + Infinitiv mit **zu**

**377**    Zwei Mäusemädchen **treffen sich**. „Du, ich **habe** einen neuen Freund! **Willst** du **mal** sein Foto sehen?" „Aber das ist **doch** eine Fledermaus!" „Ach ja? Mir hat er erzählt, **dass** er Pilot ist!"

*reziprok gebrauchtes Verb **sich treffen**;*
*__haben__ als Vollverb; Modalverb **wollen**;*
*Partikeln **mal**, **doch**; Nebensatz mit **dass***

**378**    Zwei **Labormäuse unterhalten sich** über ihren Professor. Die eine sagt: „Er **gehorcht** mir ganz **ausgezeichnet**. Jedes **Mal, wenn** ich auf die Klingel drücke, **bringt** er mir etwas zu essen."

*reziprok gebrauchtes Verb **sich unterhalten** + **über** + Akkusativ;*
*nicht trennbares Verb **gehorchen** + Dativ;*
*Partizip II als Adverb;*
*Nebensatz mit (**jedes Mal,**) **wenn**;*
***jemandem** (Dativ) **etwas** (Akkusativ) **bringen***
*Vorwissen: Kompositum Labormaus*

## Maus und Elefant

**379**    Die Maus sagt zum **Elefanten**: „Elefant, **komm** mal **raus** aus dem Wasser!" Der Elefant antwortet: „Nein, ich **will** nicht, ich schwimme gerade so schön!" „Bitte, bitte, **komm raus**, lieber Elefant", sagt die Maus noch einmal. Der Elefant sagt endlich: „Na, gut!", und kommt aus dem Wasser. Die Maus **sieht** den Elefanten genau **an** und sagt dann: „So, jetzt **kannst** du wieder **reingehen**. Ich **wollte** nur sehen, ob du meine Badehose **anhast**!"

*der **Elefant**: n-Deklination;*
*trennbare Verben **rauskommen**,*
***reingehen, anhaben, ansehen**,*
*Imperative; Modalverben **wollen, können***

**380**    Eine Maus und ein **Elefant** gehen durch die Wüste. Die Maus läuft im Schatten **des Elefanten**. Nach drei Stunden sagt die Maus: „Wir **können** tauschen, **wenn es dir zu heiß wird**!"

*der **Elefant**: n-Deklination; Genitiv;*
*Modalverb **können**;*
*Nebensatz mit **wenn**;*
***jemandem** (Dativ) **wird es zu heiß***

**381** Eine Maus sagt zu einem **Elefanten**: „Ich **habe** in einer Woche drei Gramm **abgenommen!**" Der Elefant antwortet: „Ich auch, meine Liebe, ich auch!"

*der **Elefant**: n-Deklination;*
*trennbares Verb **abnehmen** im Perfekt*

**382** Eine Maus und ein Elefant **wollen** über die Grenze. Der Elefant **hat** seinen Ausweis **vergessen**. Da hat die Maus eine gute Idee. Sie kauft ein Brötchen, schneidet es durch und klebt dem Elefanten die eine Hälfte **des Brötchens auf** den Kopf und die andere Hälfte **auf** das **Hinterteil**. Danach gehen sie wieder zum **Grenzübergang** und die Maus zeigt ihren Ausweis vor. Der **Grenzbeamte** zeigt auf den Elefanten und sagt: „Und was **soll das** sein?" Die Maus antwortet: „Na, **das** ist mein **Reiseproviant!**"

*Modalverben **wollen**, **sollen**; Zeitenwechsel Präsens – Perfekt;*
*Genitiv; Komposita; Wechselpräposition **auf** + Akkusativ;*
*Demonstrativpronomen **das***
*Wortschatz: die Grenze, der Grenzübergang, der Grenzbeamte,*
*der Reiseproviant, den Ausweis vorzeigen*

## Papagei

**383** **Auf der** Polizeistation klingelt das Telefon. „**Kommen Sie** sofort! **Es geht um Leben und Tod!** Hier **in** der Wohnung ist eine Katze!", sagt eine Stimme. „Wer ist denn **am** Apparat?", fragt der Polizist. „Der Papagei!"

*Imperativ; Wechselpräpositionen mit Dativ:*
***auf, in, am** (verschmolzen mit Artikel);*
*Idiomatik: **Es geht um Leben und Tod!***

**384** Ein Auto hält mit offenem Fenster an einer roten Ampel. **Auf** der Schulter des Fahrers sitzt ein Papagei. Ein Motorrad hält **neben** dem Auto. Der **Motorradfahrer** fragt: „Kann **der** **auch** sprechen?" Darauf sagt der Papagei: „**Das** weiß *ich* **doch** nicht!"

*Wechselpräpositionen **auf, neben** + Dativ;*
*Kompositum;*
*Demonstrativpronomen **der, das**; Partikeln **auch, doch***

**385** Ein Mann möchte einen Papagei kaufen. Er geht zu einer **Tierauktion** und **bietet auf** einen Papagei. Es wird **erbittert dagegen geboten**, doch der Mann **lässt** nicht **locker**. Schließlich **wird** ihm das Tier für einen hohen Preis **zugeschlagen**. „Ich hoffe, **dass** er wenigstens spricht", meint der Mann zum **Auktionator**. „Na," sagt dieser, „was glauben Sie, wer die ganze Zeit **gegen** Sie **geboten hat!**"

*trennbare Verben* ***zuschlagen, lockerlassen***; *Partizip II als Adverb; Präpositionalpronomen* ***dagegen***; *Vorgangspassiv; Nebensatz mit* ***dass***; *Perfekt*
*Wortschatz: die Auktion, der Auktionator, bieten auf, bieten gegen*

## *Pferd*

**386** Ein Pferd kommt an die **Kinokasse** und sagt: „Einmal zehnte Reihe." Die Kassiererin sagt erstaunt: **„Donnerwetter, ein Pferd, das** sprechen **kann!"** Das Pferd sagt darauf: „Keine Angst, **während** der Vorstellung bin ich ganz ruhig!"

*Komposita; Interjektion; Relativsatz; Modalverb* ***können***; *Präposition* ***während*** *+ Genitiv*

## *Schnecke*

**387** Eine Schnecke **klopft an** eine **Haustür**. Der **Hausbesitzer nimmt** die Schnecke **vom** Boden und **wirft** sie weit hinaus **in** den Garten. Ein Jahr später **klopft dieselbe** Schnecke wieder **an** die Tür und **fragt** den **Hausbesitzer**: „Warum **haben** Sie **das getan?**"

*Wechselpräpositionen* ***an, in*** *+ Akkusativ; Präposition* ***von*** *+ Dativ (verschmolzen mit Artikel); Komposita; Demonstrativpronomen* ***dieselbe, das***; *Verben mit Akkusativ:* ***nehmen, werfen, fragen, tun***; *Zeitenwechsel Präsens – Perfekt*

**388** *längere Variante:*
Eines Abend **hört** ein Mann ein **schwaches** Klopfen **an** der Haustür. Er **öffnet** die Tür und **sieht** erst einmal **niemanden**. Dann **sieht** er **auf** den Boden und **bemerkt** eine Schnecke.

Er **nimmt** die Schnecke hoch und wirft sie weit hinaus **in** den Garten. Ein Jahr später **hört** der Mann wieder ein schwaches Klopfen **an** der Haustür und als er öffnet, sitzt da die Schnecke und **fragt** vorwurfsvoll: „Warum haben Sie **das getan?**"

*Adjektivdeklination;*
*Indefinitpronomen **niemand**;*
*Wechselpräpositionen **an** + Dativ, **auf, in** + Akkusativ;*
*Demonstrativpronomen **das**;*
*Verben mit Akkusativ: **hören, öffnen, sehen,**
**bemerken, (hoch-)nehmen, werfen, fragen, tun**;*
*Zeitenwechsel Präsens – Perfekt*

## Breitmaulfrosch

**389** Ein **Breitmaulfrosch** fragt alle Tiere, **die** er trifft, was sie tun: „Wer bist du denn mit deinem **dicken** Pelz?" „Ich bin ein Schaf und spende Wolle." „Aha", sagt der Frosch und kommt zu einer Kuh, die er breitmäulig fragt: „Und du, **Dicke?**" „Ich bin eine Kuh und gebe Milch." „Toll", staunt der Breitmaulfrosch und sieht ein Tier mit **weißem** Körper und einem **großen roten** Schnabel. „Und wer bist du?" fragt er zögerlich. „Ich bin ein Storch, und ich **warte auf** Breitmaulfrösche, die ich fressen **kann.**" „Och", sagt der Frosch mit ganz spitzen Lippen: „die gibt es hier, glaube ich, **gar nicht!**"

*Kompositum; Relativsatz; Adjektivdeklination;*
*substantiviertes Adjektiv;*
*Verb mit Präposition **warten** + **auf** + Akkusativ,*
*Modalverb **können**; Verneinung mit **(gar) nicht***
*schwieriger Wortschatz, daher für Fortgeschrittene;*
*mit mimischer Beweglichkeit zu erzählen:*
*der Erzähler ahmt den Breitmaulfrosch breitmundig,*
*und bei der Pointe spitzmundig nach*

# Verbrechen und Justiz

*Im Buddhismus wird das Lügen weitgehend abgelehnt, da es nicht mit der Wirklichkeit im Einklang ist. Daher ist beim Einsatz von Witzen zu diesem Thema in Gruppen mit buddhistischen Lernenden u. U. Vorsicht geboten.*

## *Überfall!*

**390** Ein **maskierter** Mann stürzt in die Bank und **schiebt** dem Kassierer einen Zettel **zu.** Der liest, **schüttelt den Kopf** und sagt: „Tut mir Leid. **Drei Pfund Kartoffeln,** einen Liter Milch und **zehn Eier können** Sie im Geschäft nebenan **kaufen.**"

*Partizip II als Attribut; trennbares Verb*
***jemandem** (Dativ)* ***etwas** (Akkusativ)* ***zuschieben;***
*Idiomatik:* ***den Kopf schütteln;*** *Mengenangaben;*
*Modalverb* ***können;*** ***kaufen*** *+ Akkusativ*

**391** Eine Bank **ist überfallen worden.** Die Polizei kommt und **vernimmt** die Zeugen. Ein Polizist fragt: „**Können** Sie den Täter **beschreiben?**" Ein Zeuge antwortet: „Ich **würde** ihn unter Millionen **wieder erkennen**: Er hatte einen Strumpf über dem Gesicht!"

*Vorgangspassiv; Perfekt;*
*nicht trennbare Verben mit Akkusativ:* ***überfallen, vernehmen;***
***beschreiben, (wieder) erkennen;***
*Modalverb* ***können;*** *Konjunktivumschreibung mit* ***würde***

**392** Eine Bank **wird** zum vierten Mal von **demselben** Gangster **überfallen.** Hinterher fragt ein Polizist einen **Bankange-stellten:** „**Überlegen Sie** mal: Ist Ihnen **an dem Mann** etwas Besonderes **aufgefallen?**" „Ja, er **war** von Mal zu Mal **eleganter angezogen!**", antwortet der **Bankangestellte.**

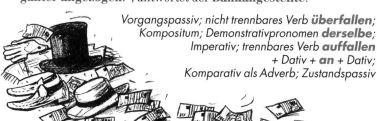

*Vorgangspassiv; nicht trennbares Verb* ***überfallen;***
*Kompositum; Demonstrativpronomen* ***derselbe;***
*Imperativ; trennbares Verb* ***auffallen***
*+ Dativ +* ***an*** *+ Dativ;*
*Komparativ als Adverb; Zustandspassiv*

**393** Der Bankräuber **hat** einen Strumpf **über** dem Kopf. Die Kassiererin sagt zu ihm: „**Wenn** Sie so undeutlich sprechen, verstehe ich **kein** Wort!"

> *haben als Vollverb; Wechselpräposition über + Dativ;*
> *Nebensatz mit wenn; Verneinung mit kein*

**394** Ein Räuber kommt in ein teures Restaurant, **richtet** seine Pistole **auf** den Oberkellner und ruft: „**Dies** ist ein Überfall! Alle Gäste **legen** ihr Geld und ihren Schmuck **auf** den Tisch!" Der Ober sagt kühl: „Ohne Krawatte **werden** Sie hier **nicht bedient!**"

> *etwas (Akkusativ) richten + auf + Akkusativ;*
> *Demonstrativpronomen dies,*
> *etwas (Akkusativ) legen + auf + Akkusativ;*
> *Imperativumschreibung mit Indikativ;*
> *Vorgangspassiv, Verneinung mit nicht*

## Diebstahl

**395** Drei Diebe kommen aus dem Theater. Der **erste** sagt: „Den Diamantring **unserer Nachbarin hätte** ich gern **mitgenommen.**" Darauf sagt der **zweite**: „Ich **habe** ihn." Dann der **dritte**: „Du **hattest** ihn."

> *Ordnungszahlwörter; Konjunktiv II von haben;*
> *Genitiv; trennbares Verb mitnehmen + Akkusativ;*
> *haben als Vollverb (Zeitenwechsel Präsens – Präteritum)*

**396** „**Als** wir letztes Jahr in Urlaub waren, **haben** Diebe bei uns **eingebrochen** und 2.000 Euro in bar gestohlen. **Als** wir dieses Jahr verreist sind, **wollten** wir schlau sein. Wir haben alle Lampen **brennen**, das Radio und den Fernseher **laufen lassen. Niemand** hat **eingebrochen**, aber unsere Stromrechnung war über 2.000 Euro hoch!"

> *Nebensätze mit als an Position I;*
> *trennbares Verb einbrechen; Modalverb wollen;*
> *lassen im Perfekt + Infinitiv;*
> *Indefinitpronomen niemand*

**397** Die Sekretärin sagt **aufgeregt** zum Chef: „Es **ist** etwas **passiert** – der Kassierer **ist verschwunden!**" Der Direktor sagt: „**Kontrollieren** Sie sofort den **Geldschrank!**" Nach ein

paar Minuten kommt die Sekretärin wieder und sagt: „Tut
mir Leid, da ist er auch **nicht**."

*Partizip II als Adverb; Perfekt;*
*(unhöflicher) Imperativ; Kompositum; Verneinung mit **nicht***
*Stereotyp: die dumme Sekretärin*

**398** Der Chef **eines Supermarktes** fragt den Chef **eines ande-
ren Supermarktes**: „Stimmt **es, dass** Sie einen **neuen** Kas-
sierer suchen?" Der Chef **des anderen Supermarktes** ant-
wortet: „Ja, und den **alten** leider auch!"

*Genitiv; Nebensatz mit **dass**;*
***es** als grammatisches Subjekt;*
*Adjektivdeklination*

## Rechtsanwälte

**399** Ein Mann geht zu einem Rechtsanwalt. Er will wissen, wie
hoch das Rechtsanwaltshonorar **sein wird** und fragt: „Wie
hoch sind Ihre Gebühren?" „100 Euro für drei Fragen", ant-
wortet der Anwalt. „Ist das nicht furchtbar teuer?", fragt der
Mann **schockiert**. „Doch. Und wie lautet Ihre dritte Frage?"

*indirekte Frage; Futur I von **sein**;*
*Partizip II als Adverb*
*Stereotyp: der geldgierige Anwalt*

## Versicherungsbetrug

**400** Zwei Bauern **treffen sich**. Der eine sagt: „Du, ich **habe** jetzt
eine gute Versicherung **gegen** Feuer und Hagel!" Der ande-
re sagt: „Feuer ist **ja** schön und gut – aber wie machst du Ha-
gel?"

*reziprok gebrauchtes Verb **sich treffen**; **haben** als Vollverb;*
*Präposition **gegen** + Akkusativ; Partikel **ja***
*Stereotyp: Bauern sind schlau (bis hin zum Betrug)*

## Steuerfahndung

**401** Das **Finanzamt** macht **Hausbesuche**: Kontrolle. Der **Fi-
nanzbeamte** fragt den **Steuerpflichtigen**: „**Wie kommt
es, dass** Sie sich bei Ihrem geringen Einkommen eine so

luxuriöse Villa kaufen **konnten?**" Der Steuerpflichtige antwortet: „Sehen Sie, im Sommer **letzten Jahres** habe ich in einem See geangelt und habe einen großen goldenen Fisch gefangen. **Als** ich den Fisch vom Haken nahm, sagte er zu mir: ‚Ich bin ein **verzauberter** Fisch. **Wirf** mich zurück in den See und ich schenke dir die **größte** und **schönste** Villa, die du je gesehen hast.‘ Ich habe den Fisch in den See geworfen und habe die Villa bekommen." Der Beamte sagt skeptisch: „Das ist ja unglaublich. Wie **können** Sie diese Geschichte beweisen?" „Na, hier sehen Sie **doch** die Villa!"

*Komposita; substantiviertes Adjektiv;*
*Redewendung: „**Wie kommt es …**"; Nebensätze mit **dass** und **als**;*
*Modalverb **können**; Genitiv; Partizip II als Attribut;*
*Imperativ; Superlative; Adjektivdeklination; Partikel **doch***
*für Fortgeschrittene*

## Im Gefängnis

**402** Ein Bauer **muss** für zwei Monate ins Gefängnis. Seine Frau schreibt ihm: „Es ist für mich zu viel Arbeit, das große Feld **umzugraben!**" Er schreibt zurück: „Du **darfst** das Feld nicht umgraben, ich habe dort das **gestohlene** Geld versteckt!" Sie antwortet zwei Wochen später: „Im Gefängnis muss jemand deinen Brief gelesen haben. Die Polizei war hier, hat das ganze Feld umgegraben und hat **nichts** gefunden." Der Bauer schreibt zurück: „Dann **kannst** du jetzt die Kartoffeln pflanzen."

*Modalverben **müssen**, **dürfen**, **können**;*
*trennbares Verb **umgraben** + Akkusativ;*
*Partizip II als Attribut; Indefinitpronomen **nichts***

## Vor Gericht

**403** Richter: „Ich **spreche** Sie **frei von** der Anklage, Sie **hätten** 10.000 Euro **unterschlagen**." Angeklagter: „Prima. **Darf** ich das Geld behalten?"

*jemanden (Akkusativ) **freisprechen** + **von** + Dativ;*
*Konjunktiv II von **haben**;*
*nicht trennbares Verb **unterschlagen** + Akkusativ;*
*substantiviertes Partizip II; Modalverb **dürfen***

**404** *längere Variante:*
Ein Mann steht vor Gericht. Er **ist angeklagt**, einen **Raub-
überfall begangen** zu haben. Der Richter verkündet das
Urteil: „Das Gericht **hält** Sie **für** unschuldig." Der Angeklag-
te springt vor Freude in die Höhe und ruft: „**Das** bedeutet, ich
**kann** das Geld behalten?!"

*Zustandspassiv **angeklagt sein** + Infinitiv mit **zu**;
Kompositum; **begehen** + Akkusativ; Verb mit Präposition:
**jemanden** (Akkusativ) **halten** + **für** + Akkusativ;
Demonstrativpronomen **das**; Modalverb **können***

**405** „**Angeklagter**, warum haben Sie das Auto gestohlen?" „Ich
**musste** ganz schnell zur Arbeit, Herr Richter." „Da **hätten**
sie doch ebenso gut **einen Bus nehmen können**." „Aber für
Busse **habe** ich **keinen Führerschein!**"

*substantiviertes Partizip II; Modalverben **müssen**, **können**;
Konjunktiv II (Vergangenheit);
Missverständnis: **einen Bus nehmen**; **haben** als Vollverb;
Verneinung mit **kein**; Kompositum*

# Vermischtes

## *Aberglaube*

**406** Ein Mann hängt ein **Hufeisen** über die Tür **seines Büros.** Sein Kollege fragt ihn: „Warum hast du das Hufeisen über die Tür gehängt?" Der Mann antwortet: „Es **wird** mir Glück **bringen.**" Sein Kollege sagt: „Aber ist das nicht Aberglaube?" Der Mann antwortet: „Natürlich, aber es wirkt, ob man **daran glaubt** oder nicht!"

*Kompositum; Genitiv; Futur I (als Prognose);*
*Verb mit Präposition **glauben** + **an** + Akkusativ;*
*(hier als Pronominaladverb **daran**)*

**407** „Aus Ihren Handlinien sehe ich **Schreckliches**", flüstert die Wahrsagerin. „Es **wird** ein böses Ende mit Ihnen **nehmen, man wird** Sie **töten, kochen** und **aufessen.**" „Einen Moment," unterbricht sie der Kunde. „**Lassen** Sie mich **doch** erst die **Lederhandschuhe ausziehen.**"

*Nullartikel; substantiviertes Adjektiv; Futur I (als Prognose);*
***lassen** (+ Akkusativ) + Infinitiv;*
*trennbares Verb **ausziehen** (+ Akkusativ);*
*Partikel **doch**; Kompositum*

## *Absurde Dialoge*

**408** „Entschuldigen Sie, **können** Sie mir sagen, wie spät es ist?" „Tut mir Leid, ich **bin** auch nicht **von hier.**"

*Modalverb **können**; Idiomatik: **von hier sein**; Verneinung mit **nicht***

**409** In der U-Bahn: „Entschuldigung, wissen Sie, wie spät es ist?" Der **Gefragte** holt eine **Streichholzschachtel** heraus und sagt: „Donnerstag". „Vielen Dank, dann **muss** ich die nächste Station raus!"

*substantiviertes Partizip II; Kompositum;*
*Modalverb **müssen***

## Andere Dialoge

**410** „Sagen Sie **mal**, das ist doch **gar kein gemischter** Chor.
Hier sind doch nur Männer!" „Schon, aber die einen **können**
singen, die anderen **nicht**. "

*Partikel **mal**;*
*Verneinung mit **(gar) kein** und **nicht**;*
*Partizip II als Attribut;*
*Modalverb **können***

**411** *Auf der Straße*
„Mensch, Albert", ruft ein Passant einem anderen zu, „wie
hast du dich **verändert**. Früher warst du viel **eleganter** und
**schlanker**, früher hattest du noch **mehr** Haare und früher
...*" „Moment mal", unterbricht ihn der andere, „ich heiße
**überhaupt nicht** Albert!" „Was? Albert heißt du auch nicht
mehr!?"

*nicht trennbares, (unecht) reflexives Verb **sich verändern**;*
*Komparativ als Prädikativ und als Attribut;*
*Verneinung mit **(überhaupt) nicht***

**412** „Wohin geht Ihr Sohn nach dem Studium?" „Aufs Arbeits-
amt. "

*Vorwissen: Arbeitsmarktsituation*

**413** „Guten Tag, Herr Nachbar. Haben Sie **zufällig** noch die Zei-
tung von gestern?" „Leider nein. Aber **kommen Sie doch**
morgen noch einmal **vorbei**, dann **hebe** ich Ihnen die von
heute **auf**. "

*vom Substantiv abgeleitetes Adverb **zufällig**;*
*trennbares Verb **vorbeikommen**;*
*trennbares Verb **jemandem** (freier Dativ) **etwas***
*(Akkusativ) **aufheben**; Imperativ; Partikel **doch***

**414** Ein Mann fragt seinen Nachbarn: „**Würden** Sie mir **netter-
weise** fürs Wochenende Ihre Super-Stereoanlage leihen?"
„Geben Sie eine Party?" „Nein, ich **möchte** nur mal richtig
**ausschlafen**. "

*Konjunktivumschreibung mit **würde** als höfliche Bitte;*
*Adverb auf -**weise**; Modalverb **mögen** (Konjunktiv II);*
*trennbares Verb **ausschlafen***

**415** „Ich **kann** Französisch, Griechisch, Italienisch und Chinesisch!" „Sprechen?" „Nein, essen!"

*können als Vollverb (bei Sprachen)*
*und als Modalverb*

**416** „Ach, du **hast** jetzt Telefon, **das** wusste ich **gar nicht.**"
„Ja, liest du denn **kein** Telefonbuch?"

*haben als Vollverb;*
*Demonstrativpronomen das;*
*Verneinung mit (gar) nicht und kein*

## Wetter

**417** „Im Laufe **des Tages wird** es starke **Niederschläge geben**", sagt der **Meteorologe.** Sein Assistent sieht auf die **Tabellen** und **Satellitenfotos.** „Woraus schließen Sie das?"
„Ich habe meinen Schirm vergessen, den Wagen gewaschen und **bin** heute Abend zu einer Gartenparty **eingeladen!**"

*Futur I (als Prognose); Genitiv; Zustandspassiv*
*Wortschatz: der Meteorologe, die Niederschläge,*
*die Tabelle, die Satellitenfotos*

**418** Es ist Sommer. Die Indianer fragen ihren **Medizinmann:** „Sag uns bitte, **ob** es ein **kalter** Winter **wird!**" Er antwortet: „Es wird sehr kalt, ihr **müsst** jetzt Holz sammeln!" Der **Medizinmann** weiß aber nicht genau, ob seine Antwort richtig war. Zwei Wochen später ruft er deshalb die **Wetterstation** an und fragt: „Wie **wird** der Winter?" Der Meteorologe antwortet: „Es **wird** sehr kalt, die Indianer sammeln schon Holz."

*Nebensatz mit ob; Adjektivdeklination;*
*werden als Vollverb;*
*Modalverb müssen; Komposita*
*Vorwissen: die Indianer, der Medizinmann, die Wetterstation*

## Witze erzählen

**419** Auf einer Party erzählt ein Mann Witze. Alle Gäste lachen **darüber,** nur ein Gast sitzt da mit **steinernem** Gesicht und lacht **nicht** mit. Ein Mann, **der** neben ihm sitzt, fragt ihn, **ob**

er die Witze **gar nicht** komisch finden **würde**. Der Mann,
**der nicht** gelacht hat, antwortet: „Doch, aber ich **mag** den
Kerl **nicht**. Ich lache, **wenn** ich zu Hause bin."

*Präpositionalpronomen **darüber**; starke Adjektivdeklination;*
*Relativsätze; Verneinung mit **nicht**;*
*indirekte Frage mit **ob**; Konjunktivumschreibung mit **würde**;*
***mögen** als Vollverb; Nebensatz mit **wenn***

# Scherzfragen (auch für Kinder)

**420** *Frage:* Was **hat** vier Beine und **kann nicht** laufen?
*Antwort:* Ein Stuhl.

*haben als Vollverb;*
*Modalverb **können**; Verneinung mit **nicht***

**421** *Frage:* Wie **bringt** man vier Elefanten in einem Auto **unter**?
*Antwort:* Ganz einfach, zwei **hinten** und zwei **vorne**.

*trennbares Verb **unterbringen** + Akkusativ;*
*Adverbien **hinten**, **vorne**; Satzellipse*

**422** *Frage:* Warum steht die Freiheitsstatue in New York?
*Antwort:* **Weil** sie **sich nicht setzen kann.**

*Nebensatz mit **weil**; Verneinung mit **nicht**;*
*(unecht) reflexives Verb **sich setzen**; Modalverb **können***

**423** *Frage:* Was wird nasser, **je mehr** es trocknet?
*Antwort:* Ein Handtuch.

*Nebensatz mit Konjunktion **je** beim Komparativ*

**424** *Frage:* Welche Katze springt **höher** als ein Haus?
*Antwort:* **Jede.** Ein Haus **kann** nicht springen.

*Komparativ als Adverb;*
*Indefinitpronomen **jede**; Modalverb **können***

**425** *Frage:* Welcher Monat **hat** 28 Tage?
*Antwort:* **Jeder.**

*haben als Vollverb; Indefinitpronomen **jeder***

**426** *Frage:* Was **hat zwei Köpfe, vier Augen, sechs Beine** und **einen** Schwanz?
*Antwort:* Ein Pferd und sein Reiter.

*Zahlwörter; Pluralformen;*
*haben als Vollverb; Satzellipse*

**427**   *Frage:* **Darf** ein Mann die Schwester **seiner Witwe** heiraten?

*Antwort:* Er **darf**, aber er **kann nicht**.

> Modalverben *dürfen* und *können*;
> Genitiv; Verneinung mit *nicht*

**428**   *Frage:* Was **haben Großvaters** Zähne mit den Sternen gemein?

*Antwort:* Nachts kommen sie heraus.

> *gemein haben* = *gemeinsam haben*,
> (*haben* als Vollverb); Genitiv

**429**   *Frage:* Was wird auf dem Teller immer größer, **je mehr** man davon isst?

*Antwort:* Die **Artischocke**.

> Nebensatz mit *je* beim Komparativ;
> *die Artischocke/-n*

**430**   *Frage:* Wer **kann** alle Sprachen **der Welt** sprechen?

*Antwort:* Ein Echo.

> Modalverb *können*; Genitiv

**431**   *Frage:* In einer Familie **sind sechs** Jungen. Jeder Junge **hat eine** Schwester. Wie viele Kinder **gibt es** in der Familie?

*Antwort:* **Sieben** Kinder.

> *sein* und *haben* als Vollverben;
> *es gibt*; Zahlwörter

**432**   *Frage:* Eine Mutter **will** zehn Äpfel an ihre sechs Kinder **verteilen**. Wie macht sie **das**?

*Antwort:* Sie macht Apfelmus **daraus**.

> Modalverb *wollen*;
> nicht trennbares Verb *verteilen*; Demonstrativpronomen *das*;
> Präpositionalpronomen *daraus*

**433**   *Frage:* Welche Insel war die **größte** Insel **der Welt, bevor** Australien **entdeckt worden ist**?

*Antwort:* Australien.

> Superlativ als Attribut; Genitiv;
> Nebensatz mit *bevor*; Vorgangspassiv (Perfekt)

434    *Frage:* Wie sagt man **Postbote** ohne „o"?
*Antwort:* **Briefträger.**

*Komposita; Kinderwitz*

435    *Frage:* Warum lässt Daniel nachts seine Brille auf?
*Antwort:* **Damit** er seine Träume **besser** sehen **kann.**

*(finaler) Nebensatz mit **damit**; Komparativ als Adverb;
Modalverb **können***

436    *Frage:* Was ist grün, hängt **an** der Wand und macht „wau
wau"?
*Antwort*: Ein Hund **im** Rucksack.

*Wechselpräpositionen **an, in**
(verschmolzen mit Artikel + Dativ;*

437    *Frage:* Was **fliegt in** der Luft und macht „mus mus"?
*Antwort:* Eine Biene im **Rückwärtsgang.**

***fliegen** + **in** + Dativ;
Kompositum*

438    *Frage:* Was sagt eine Schnecke, **wenn** sie auf einer Schild-
kröte sitzt?
*Antwort:* „Hui!"

*Nebensatz mit **wenn***

439    *Frage:* Wohin fahren Hamster in den Ferien?
*Antwort:* „Nach Hamsterdam."

440    *Frage:* Was fragt die Katze am Bankschalter?
„Haben Sie Mäuse?"

***haben** als Vollverb;
ugs. Idiomatik: **Mäuse** = **Geld***

## *Was ist der Unterschied zwischen ...?*

**441** *Schüttelreim nur für Lehrerinnen und Lehrer:*
*Frage:* Was ist der Unterschied zwischen Luis Trenker und Penicillin?
*Antwort:* Penicillin ist ein Heilserum, Luis Trenker hat ein Seil herum.

**442** *Frage:* Was ist der **Unterschied zwischen** einem Teppich und einem Bäcker?
*Antwort:* Der Bäcker **muss** um 4 Uhr **aufstehen**, der Teppich **darf** liegen bleiben.

*Substantiv und Präposition: **Unterschied zwischen**
x (Dativ) und y (Dativ);
Modalverben **müssen, dürfen**;
trennbares Verb **aufstehen***

**443** *Frage:* Was ist der Unterschied zwischen einem Handwerker und dem Monat Mai?
*Antwort:* Der Mai kommt immer.

*der Handwerker/-
Stereotyp: unzuverlässiger Handwerker*

**444** *Frage:* Was ist der Unterschied zwischen einem **Elefanten** und einem **Floh?**
*Antwort:* Den Unterschied **merkt man**, wenn **einem** einer **über** den Bauch läuft.

*der **Elefant** (n-Deklination); der **Floh**;
Indefinitpronomen **man** (im Dativ = **einem**);
**merken** + Akkusativ; **über** + Akkusativ*

**445** *Frage:* Was ist der Unterschied zwischen Blitz und Elektrizität?
*Antwort:* Der Blitz kostet **nichts**.

*Nullartikel; Indefinitpronomen **nichts**
der Blitz, die Elektrizität*

# Die Witzesammlung *Teil II*

## Witze für Fortgeschrittene
## (ohne Grammatikanmerkungen)

## Wortwitze

*Wortwitze ist hier der Name für „Teekesselchen". Es sind Wörter, die zwei oder mehr Bedeutungen haben. Da es sich meist um einen ausgefalleneren Wortschatz handelt, ist diese Kategorie den Witzen für Fortgeschrittene zugeordnet.*

### Substantive

*Die Anmerkungen enthalten jeweils die Erklärung der Doppelbedeutung (wobei einige Wörter noch mehr Bedeutungen haben als hier aufgeführt sind).*

446  Ein Gast sagt im Restaurant: „Herr Ober! Was machen die vielen Leute an meinem Tisch?" Ober: „Sie hatten doch einen Auflauf bestellt!"

*der Auflauf*
*a) Menschenmenge*
*b) gebackene Speise*

447  Ein Mann sagt in der Buchhandlung: „Ich möchte gerne Goethes Werke." Die Buchhändlerin: „Welche Ausgabe ..." Da sagt der Mann: „Da haben sie eigentlich Recht", und geht wieder.

*die Ausgabe*
*a) Buchveröffentlichung*
*b) Geldaufwand*

448  „Wo arbeitest du jetzt?" „In der Autofabrik." „Am Band?" „Nein, wir dürfen frei herumlaufen."

*das Band*
*a) Fessel, schmaler Stoffstreifen*
*b) Fließband*

**449**  Das neue Au-Pair-Mädchen kommt vom Einkaufen zurück.
Sie bringt einen Mann mit, der sich heftig wehrt. „Was ist
denn los?" will die Gastmutter wissen.
Das Au-Pair-Mädchen antwortet: „Ich habe alles bekommen,
Sahnetorte, Erdbeerkuchen, Marmorkuchen, – nur der Ber-
liner hat Schwierigkeiten gemacht!"

*der Berliner*
*a) ein Mann aus Berlin*
*b) mit Marmelade gefülltes und in Schmalz*
*gebackenes rundes Teigteil*

**450**  Gast im Restaurant: „Servieren Sie auch Flaschen?" Ober:
„Wir servieren hier grundsätzlich jedem!"

*die Flasche*
*a) ein Glasgefäß*
*b) ein dummer Mensch (Versager)*
*servieren mit Akkusativ und Dativ*

**451**  Fünf Flaschen im Keller sind relativ wenig, aber fünf Fla-
schen im Aufsichtsrat sind relativ viel.

*die Flasche*
*a) ein Glasgefäß*
*b) ein dummer Mensch*
*Wortschatz: Aufsichtsrat*
*ersetzbar durch Senat o.Ä.*

**452**  Ein kleiner Junge soll auf der Hochzeit seines Onkels Blumen
streuen. Seine Mutter erzählt ihm, was er dabei anziehen
wird: „Vorne ans Hemd bekommst du eine Fliege." Der Jun-
ge überlegt kurz und fragt: „Bleibt die denn da so lange sit-
zen?"

*die Fliege*
*a) eine zur Querschleife gebundene Krawatte*
*b) ein Insekt*

**453** In Italien. Der Reiseführer erklärt der Touristengruppe aus Deutschland: „Und hier liegt der Golf von Neapel!" Ein Tourist sagt böse: „Das interessiert mich nicht. Ich spiele kein Golf. Wo sind die Tennisplätze?"

*der Golf*
*a) ein Stück Ozean, das teilweise von Land umschlossen ist (Pl.-e)*
*b) das Golf-Spiel (unzählbar)*

**454** Der Vater geht mit seinem achtjährigen Sohn in den Zoo. Sie stehen vor einem Käfig. „Und das hier ist ein Jaguar", erklärt der Vater. „Das glaube ich nicht", sagt der Sohn. „Wo sind denn die Räder?"

*der Jaguar*
*a) eine Raubkatze*
*b) eine Automarke*

**455** *knappere Variante:*
Vater und Sohn im Zoo. „Sieh mal, ein Jaguar!", sagt der Vater. „Was, ganz ohne Räder?", staunt der Sohn.

**456** Der Lehrer fragt in der Schule: „Wer trägt eine Krone?" Ein Schüler antwortet: „Mein Vater!" Lehrer: „Erzähl doch nicht so einen Unsinn!" Schüler: „Doch, er war gestern beim Zahnarzt."

*die Krone*
*a) ein auf dem Kopf getragener Goldreif als Zeichen der Königswürde*
*b) ein Zahnersatz*

**457** In China sagt der Hase zu seiner Frau: „Schade, dass wir Löffel haben und keine Stäbchen!"

*der Löffel*
*a) ein Gerät zum Essen*
*b) die Ohren eines Hasen*

**458** „Hier habe ich ein Rezept für Sie", sagt der Doktor zu Frau Meier. Frau Meier: „Ach, kochen Sie auch so gern wie ich?"

*das Rezept*
*a) eine Anweisung zum Kochen oder Backen*
*b) eine Anweisung des Arztes für ein Medikament in der Apotheke*

**459** „Mutti, was ist Schimmel?", will das Kind wissen. „Ein weißes Pferd." „Und was sucht ein Pferd auf meinem Brot?"

*der Schimmel*
*a) ein weißes Pferd*
*b) weißliche/bläuliche Schimmelpilze*
*auf Verdorbenem*

**460** Der Onkel fragt seinen Neffen: „Na, wie war der Zoobesuch?" „Toll! Sogar vor der Kasse waren Schlangen!"

*die Schlange*
*a) eine Tierart*
*b) eine lange Reihe wartender Menschen*

**461** „Ich habe mir letzte Woche ein Schloss gekauft", sagt Peter. „Toll, wo denn?", fragt sein Freund. „In der Eisenwarenhandlung."

*das Schloss*
*a) das Haus eines Königs*
*b) ein Türschloss*

**462** Ein Kind aus der Stadt ist zum ersten Mal auf einem Bauernhof. Es fragt die Mutter: „Mama, was sind das für Tiere?" „Das sind Schweine." „Und wie nennt man die, wenn sie sich gewaschen haben?"

*das Schwein*
*a) ein Tier*
*b) ein unsauberer Mensch*

**463** Zwei Wespen treffen sich im Freibad. „Interessierst du dich für Kunst?" „Ja, warum?" „Dann fliegen wir mal zu dem Mann da rüber, und ich zeige dir ein paar alte Stiche."

*der Stich*
*a) ein Kunstwerk (Gravur)*
*b) eine Verletzung durch ein stechendes Insekt*

**464** Der Arzt sagt zum Patienten: „Die Medizin sollten Sie in einem Zug einnehmen!" Der Patient antwortet: „Gut, Herr Doktor, ich arbeite bei der Bahn!"

*der Zug*
*a) Einsaugen beim Trinken, Rauchen, Atmen etc.*
*b) die Eisenbahn*

## *Verben*

**465** „Was ist eigentlich aus deinem Bekannten geworden?" „Der hat ein Geschäft aufgemacht." „Und womit?" „Mit einem Brecheisen."

*aufmachen*
*a) eröffnen*
*b) physisch öffnen (hier aufbrechen)*

**466** Eine schwangere Frau betritt eine Bäckerei und sagt: „Ich bekomme ein Weißbrot!" Der Bäcker erwidert: „Na so etwas!"

*bekommen*
*a) (eine Ware) haben wollen*
*b) (ein Kind) erwarten*

**467** „Wie fanden Sie Rom?" „Och, kein Problem. In Italien gibt es ja überall Wegweiser."

*finden*
*a) beurteilen*
*b) entdecken, ausfindig machen*

**468** *ähnlich:*
„Sie waren auf Madagaskar? Wie fanden Sie denn die Insel?"
„Damit hatte ich nichts zu tun, das erledigte der Pilot."

*finden*
*a) beurteilen*
*b) entdecken, ausfindig machen*

**469** *Im Lederwarengeschäft*
Kind: „Mutti, fressen Krokodile Seide?" Mutter: „Natürlich nicht, meine Kleine. Warum fragst du das?" Kind: „Na, hier in der Krokodilleder-Tasche ist ein Schild: Mit Seide gefüttert."

*füttern*
*a) einem Tier etwas zum Fressen geben*
*b) etwas mit Stoff auskleiden*

**470** Fahrgast: „Wie lange hält dieser Zug hier?" Schaffner: „Bei guter Pflege dreißig Jahre."

*halten*
*a) stehen bleiben, stoppen (hier Länge des Aufenthalts)*
*b) dauern (die Lebensdauer)*

**471** „Herr Ober, was macht das Bier, das ich vor einer halben Stunde bestellt habe?" „Drei Euro, mein Herr."

*machen*
*a) Wo bleibt es?*
*b) Was kostet es?*

**472** Ein Mann geht zum Uhrmacher und fragt ihn: „Können Sie meinen Hund reparieren?" „Was, Ihren Hund?! Was fehlt ihm denn?" „Er bleibt alle fünf Minuten stehen!"

*stehen bleiben*
*a) über einen Hund (= sich nicht weiter fortbewegen)*
*b) über eine Uhr (= Versagen der Mechanik)*

**473** „Gestern habe ich 12.000 Fliesen verlegt." „Viel Glück, dass du sie schnell wiederfindest!"

*verlegen*
*a) anbringen*
*b) weglegen und dann vergessen, wohin (= verbummeln)*

## Partizip und Adjektiv

**474** *Am Telefon:*
„Hier ist das Krankenhaus." „Oh", sagt der Anrufer, „ich bin falsch verbunden!" „Tut mir Leid, das geht nicht telefonisch. Sie müssen schon persönlich herkommen und das dem Arzt zeigen."

*falsch verbunden sein*
*a) am Telefon einen falschen Gesprächspartner haben*
*b) vom Arzt einen falschen Verband angelegt bekommen haben*

**475** *Im Buchgeschäft*
Kunde: „Ich hätte gern ein Buch." Buchhändler: „Etwas Schweres oder etwas Leichtes, mein Herr?" Kunde: „Das ist mir völlig egal – mein Wagen steht direkt vor der Tür."

*das Schwere und das Leichte*
*(substantivierte Adjektive)*
*a) hinsichtlich der Verständlichkeit*
*b) hinsichtlich des Gewichts*

# Missverständnisse

*Der Witz an den meisten Witzen dieser Rubrik ist, dass in den Dialogen jemand bestimmte Dinge, z. B. ein Fremdwort, nicht kennt oder verwechselt. Insofern sind alle diese Witze „Überlegenheitswitze", die auf dem Triumph über den Unwissenden, „Dummen" basieren und ihn auslachen. Darum sollten Kursleiter den „Bildungsstand" aller ihrer Teilnehmer gut kennen, damit sich niemand beschämt fühlt.*

## *Autofahrer*

**476** Ein Autofahrer sagt zu einem anderen: „Ich hab mir 'nen Duden gekauft!" Darauf fragt der andere: „Und, hast du ihn schon eingebaut?"

*Vorwissen: Der **Duden** ist ein Nachschlagewerk
für die deutsche Sprache und kein Autoteil.*

**477** Polizeikontrolle. Der angetrunkene Fahrer lallt: „Ich habe nur Tee getrunken!" Darauf der Polizist: „Ja, aber dann mindestens 1,9 Kamille!"

*Wortspiel Promille – Kamille
Nicht witzig für Teilnehmer,
die nicht über Betrunkenheit lachen.*

## *Familie*

**478** „Papa, wo liegen die Bahamas?" „Frag Mutter, die räumt immer alles weg."

*Der Vater kennt entweder die Inselgruppe Bahamas nicht,
oder er hört nicht zu und verwechselt sie mit **Pyjama**.*

**479** Der Sohn fragt seinen Vater: „Weißt du, wer Hamlet war?" Der Vater antwortet: „Natürlich, mein Junge. Geh und hol mal die Bibel!"

*Vorwissen: **Hamlet** ist ein Drama von Shakespeare
und taucht nicht in der Bibel auf.*

**480**   „Warum haben die Müllers ihren Sohn Hamlet genannt?"
„Tja, sein oder nicht sein ist die Frage."

> *Vorwissen: „Sein oder nicht sein" ist der Anfang des berühmten Monologs von Hamlet aus dem gleichnamigen Drama von Shakespeare. Hier Verwechslung von sein als Verb und als Possessivpronomen (das die Vaterschaft bezeichnet). Nicht erheiternd für Teilnehmer aus Kulturen, in denen außerehelicher Geschlechtsverkehr tabuisiert ist.*

## Medizinisches

**481**   Nachts ruft ein Mann beim Arzt an. „Bitte kommen Sie sofort! Meine Frau hat Fieber!" „Ist es hoch?" „Nein", sagt der Mann, „in der ersten Etage."

> *Verwechslung: „es" für das Fieber und für die Lage der Wohnung der Patientin*

**482**   Ein Mann kommt in eine Apotheke und fragt den Apotheker: „Haben Sie Acetylsalicylsäure?" „Meinen Sie Aspirin?", fragt der Apotheker. „Genau, das meine ich", sagt der Mann. „Ich kann mir das Wort einfach nicht merken."

> *Vorwissen: Aspirin besteht in seiner chemischen Zusammensetzung aus Acetylsalicylsäure.*

**483**   „Hast du das in der Zeitung gelesen – ‚Niere von Gorilla verpflanzt'?" „Nein, also weißt du! Würdest du dich von einem Affen operieren lassen?!"

> *Eine grammatische Verwechslung: Die Niere wurde nicht von einem bzw. durch einen Gorilla verpflanzt, sondern die Niere eines Gorillas wurde verpflanzt.*

**484**   „Was halten Sie von Dr. Schiwago?", fragte die Nachbarin. „Wissen Sie, ich bleibe lieber bei meinem Hausarzt!"

> *Vorwissen: Dr. Schiwago ist der Titel eines berühmten Romans von Boris Pasternak. Ein etwas betagter Witz.*

**485**   „Sie haben eine wunderschöne Angina!", sagt der Arzt. „So etwas habe ich schon lange nicht mehr gesehen!" „Hören Sie, ich will mich von Ihnen untersuchen lassen und nicht Ih-

re Komplimente über meine Frau hören! Und außerdem
heißt sie Olga!", erwidert der Patient wütend.

*Den Teilnehmern muss bekannt sein,*
*dass* **Angina** *eine Halsentzündung ist, kein Frauenvorname*

## Schule

**486** *Im Geschichtsunterricht:*
Lehrer: „Wo wurde der Friedensvertrag von 1919 unter-
schrieben?" Schüler: „Ganz unten natürlich!"

*Vorwissen: Der Friedensvertrag von Versailles,*
*der den 1. Weltkrieg beendete.*

**487** *Im Deutschunterricht.*
Der Lehrer fragt: „Was geschah am 28.8.1749?" Ein Schüler
antwortet: „Da wurde Johann Wolfgang von Goethe gebo-
ren." Lehrer: „Sehr gut. Und weißt du auch, was 1759 ge-
schah?" Schüler: „Ja, klar. Da feierte Goethe seinen zehnten
Geburtstag."

*Den Teilnehmern sollte Goethe ein Begriff sein. Was war übrigens 1759?*
*Schiller wurde geboren. Ein uralter, aber immer noch beliebter Witz.*

## Urlaub

**488** *In Rom, vor dem Vatikan.*
Ein deutscher Tourist fragt einen anderen: „Entschuldigung,
können Sie mir sagen, wo die Laokoon-Gruppe ist?" Der an-
dere antwortet: „Leider nicht, ich gehöre zur Neckermann-
Gruppe."

*Vorwissen: die* **Laokoon-***Gruppe,*
*das Tourismusunternehmen Neckermann*

**489** Eine Frau erzählt: „Wir waren im Urlaub in Paris!" „So so,"
sagt die Nachbarin. „Haben Sie da auch die Mona Lisa im
Louvre gesehen?" Die Urlauberin erwidert: „Nein, wir haben
nur unsere Freunde vor dem Eiffelturm gesehen."

*Vorwissen: die Mona Lisa, der Louvre, der Eiffelturm*

**490** „Was, Sie waren in Ägypten und haben die Pyramiden nicht gesehen?!" „Nein, leider nicht. Als wir da waren, haben sie leider gerade woanders gespielt."

*Vorwissen: Die Pyramiden sind Denkmäler (Pharaonengräber), keine Band.*

**491** „Wie hat Ihnen denn die Sixtinische Kapelle in Rom gefallen?" „Die habe ich leider nicht gehört – die muss wohl gerade auf Tournee gewesen sein."

*Vorwissen: die Sixtinische Kapelle*
*Doppelbedeutung von* **Kapelle**

**492** „Was, Herr Müller, Sie sagen, dass Ihre Familie London in drei Tagen kennen gelernt hat? Das ist doch so eine riesige Stadt! Wie haben Sie das denn gemacht?" „Meine Frau hat die Bauwerke und Museen besichtigt, meine Tochter die Boutiquen und ich die Kneipen!"

*Nicht erheiternd für Teilnehmer,*
*die dem Alkohol und somit dem Kneipenbesuch*
*ablehnend gegenüberstehen.*

## Alkoholische Getränke

*Das Thema Alkohol ist nicht belustigend für Teilnehmer, die aus Ländern kommen, in denen Alkohol tabuisiert ist.*

**493** „Was gibt es heute?", fragt der Gast im Restaurant. „Rinderzunge in Madeira." „Sehr schön, und was gibt es hier?"

*Vorwissen: Madeira ist eine portugiesische Insel*
*im Atlantik westlich der marokkanischen Küste, außerdem eine (teure) Weinsorte,*
*die dort angebaut wird. „Rinderzunge in Madeira" ist ein*
*klassisches Restaurantgericht, etwas betagt, so wie dieser Witz.*

**494** Der Lehrer fragt: „Wo liegt Bordeaux?" Ein Schüler antwortet: „In Papas Weinkeller."

*Den Teilnehmern muss bekannt sein, dass Bordeaux*
*eine Stadt in Frankreich und eine Weinsorte gleichen Namens ist*
*und was ein Weinkeller bei reichen Leuten ist.*

# Stereotypen – Witze

*Die Stereotypen-Witze sind nur für sehr fortgeschrittene Gruppen geeignet, die bereits so gute Deutschkenntnisse haben, dass die Inhalte dieser Witze differenziert diskutiert werden können. Aggressive, rassistische und antisemitische Stereotypen wurden hier ausgeschlossen. Kursleiter sollten sich darauf vorbereiten, dass solche in der Diskussion geäußert werden könnten – und wie sie dann damit umgehen.*

**Diese Witze sollten nur mit größter Um-, Vor- und Rücksicht eingesetzt werden, da sie ein großes Konfliktpotential in sich tragen!**

## Nationalitätenstereotypen

*Nationalitätenstereotypen – das bedeutet, dass der Bevölkerung eines Landes oder einer Region bestimmte Eigenschaften zugeordnet werden. Diese Stereotypisierungen gibt es schon seit Jahrhunderten. Sie treten oft, aber nicht nur dann auf, wenn zwei Bevölkerungsgruppen engeren Kontakt miteinander haben.*

*Sie dienen dazu, sich von anderem abzugrenzen und schlechte Eigenschaften, in erster Linie Dummheit, auch Geiz oder Gerissenheit, von sich abzuspalten und der jeweils anderen Bevölkerungsgruppe in extremem Maße zuzuschreiben. Stereotypisierung ist die Grundlage für Vorurteile.*

495 Himmel und Hölle in Europa

Himmel ist, wo die Engländer die Polizisten sind,
wo die Deutschen die Mechaniker sind,
wo die Franzosen die Köche sind,
wo die Italiener die Liebhaber sind
und wo die Schweizer alles organisieren.

Hölle ist, wo die Deutschen die Polizisten sind,
wo die Franzosen die Mechaniker sind,
wo die Engländer die Köche sind,
wo die Schweizer die Liebhaber sind
und wo die Italiener alles organisieren.

**496** Ein Luxusdampfer ist verunglückt, doch es gibt nicht genug Rettungsboote. Jeder Passagier, der jetzt noch an Bord ist, bekommt eine Schwimmweste und soll springen, aber alle haben Angst. Schließlich wird der Kapitän gerufen. Dieser geht zu der Gruppe, die ängstlich an der Reling steht, und redet mit jedem. Danach springt einer nach dem anderen ins Wasser. Als alle Passagiere von Bord sind, fragt der Erste Offizier den Kapitän, wie er die Leute denn dazu gebracht hätte, von Bord zu springen. „Na ganz einfach", meint der. „Zu den Deutschen habe ich gesagt, von Bord zu springen wäre ein Befehl. Zu den Franzosen, es wäre patriotisch. Den Japanern habe ich erzählt, dass Springen gut für die Potenz wäre. Und den Italienern habe ich gesagt, Springen wäre verboten."

(nach: Der Witz-Cocktail,<br>S. 16, etwas verändert)

**497** Ein Amerikaner, ein Engländer, ein Franzose und ein Deutscher haben einen Schiffsuntergang überlebt und sind auf einer Insel gestrandet. Nach ein paar Monaten hat der Deutsche die Inselbewohner in einer Armee organisiert, und der Amerikaner hat eine Fabrik erbaut, in der er die Inselbewohner beschäftigt. Der Franzose hat ein Bordell eröffnet, und der Engländer sitzt am Strand und wartet darauf, vorgestellt zu werden.

(nach Apte, S. 116)

**498** Im Pazifik geht ein Schiff unter. Es überleben zwei Männer und eine Frau. Sie retten sich auf eine kleine Insel. Was die drei machen, hängt von ihrer Nationalität ab. Sind es Franzosen, richten sie sich in aller Ruhe ein – in einer *Menage à trois*. Sind es Italiener, bringt der eine Mann den anderen Mann um und hat die Frau für sich allein. Sind es Engländer oder Deutsche, siedeln die Männer auf eine andere Insel über und lassen die Frau allein.

(nach Willi Brandt,<br>S. 114, geringfügig geändert)

**499** Was unterscheidet einen englischen, einen französischen und einen deutschen Rentner? Der Engländer trinkt seinen Whisky und geht zum Pferderennen. Der Franzose trinkt Rotwein und geht zur Freundin. Und der Deutsche? – Nimmt seine Herztropfen und geht weiter zur Arbeit!

**500** Ein Amerikaner, ein Engländer und ein Schweizer sitzen zusammen und prahlen mit nationalen Errungenschaften. Der Engländer sagt: „Wir bauen jetzt ein Unterseeboot, das kann ein Jahr unter Wasser bleiben, es fährt völlig lautlos und ist so schnell wie ein Flugzeug!" „Und wir", erwidert der Amerikaner, „bauen jetzt einen Wolkenkratzer in Chicago, 600 Meter hoch und nur aus Glas – kein Stahl, kein Beton, ausschließlich Glas!" Der Schweizer sagt, nachdem er lange nachgedacht hat: „So etwas Gewaltiges haben wir natürlich nicht. Aber bei uns am Vierwaldstätter See, da lebt ein Knecht, wenn der einen guten Tag hat, können acht Raben nebeneinander auf ihm sitzen!"
Nach einer langen Pause beginnt der Engländer wieder zu sprechen: „Also, wenn ich mal ganz ehrlich bin, habe ich natürlich etwas übertrieben. Unser neues U-Boot ist zwar schneller als die alten, aber vom Flugzeug noch weit entfernt. Und ein Jahr lang kann es auch nicht unter Wasser bleiben." Auch der Amerikaner geht nun in sich und räumt ein: „Also, unser Wolkenkratzer sieht wirklich so aus, als bestünde er nur aus Glas. Aber natürlich wird er mit Stahl verstärkt, und ganz so hoch ist er auch nicht." Beide sehen erwartungsvoll den Schweizer an. Der zieht bedächtig an seiner Pfeife und sagt langsam: „Also, wenn ich ganz ehrlich sein soll: Der achte Rabe sitzt nicht ganz bequem."

Nach: Ganz Deutschland lacht, S. 65 (verändert)
*Anmerkung: Der höchste Wolkenkratzer der USA (bis 1997 auch der Welt)*
*ist der **Sears Tower** in Chicago mit 443 Metern Höhe.*
*Zurzeit sind die **Petronas Towers** in Kuala Lumpur (Indonesien)*
*mit 452 Metern die höchsten Türme der Welt (Stand 2004).*

501   Ein amerikanischer und ein deutscher Architekt wetten, wer schneller bauen könne. Nach einem Monat telegraphiert der Amerikaner: „Well, noch zehn Tage und wir sind fertig." Der deutsche Architekt telegraphiert: „Tja, noch zehn Formulare und wir fangen an!"

502   Ein Franzose, ein Deutscher und ein Schotte sind auf eine Party eingeladen. Der Franzose bringt sechs Flaschen Wein mit, der Deutsche sechs Flaschen Bier und der Schotte sechs gute Freunde.

503   *Deutsche Variante:*
Ein Wiesbadener, ein Nürnberger und ein Stuttgarter sind auf eine Party eingeladen. Der Wiesbadener bringt sechs Flaschen Wein mit, der Nürnberger sechs Flaschen Bier und der Stuttgarter sechs gute Freunde.

504   *Menschen aus Norddeutschland, heißt es, sind mundfaul:*
Ein Tourist fragt einen Hamburger: „Wissen Sie, wie spät es ist?" – „Ja."

## *Zwei Bücher über Elefanten:*

505   Jede Nation sollte ein Buch über den Elefanten schreiben:
*Frankreich:* Das Sexleben eines Elefanten oder 1.000 Rezepte mit Elefanten,
*England:* Elefanten, die ich auf einer Safari schoss,
*Wales:* Der Elefant und sein Einfluss auf die walisische Sprache und Kultur oder: Oes ysgol tocynnau eleffant llanfairpwll nhadau coeden,
*Amerika:* Wie man größere und bessere Elefanten produzieren kann,
*Japan:* Wie man kleinere und billigere Elefanten produzieren kann,
*Griechenland:* Wie man Elefanten für viel Geld verkaufen kann,
*Finnland:* Was denken Elefanten über die Finnen?,

*Deutschland*: Eine kurze Einführung in das Elefantenohr, Band 1–6,
*Island*: Wie man einen Elefanten auftaut,
*Schweiz*: Die Schweiz – das Land, durch das Hannibal mit seinen Elefanten zog,
*Canada*: Elefanten – eine Aufgabe für die Landesregierung oder für die Provinzialregierungen?,
*Schweden*: Wie man mit einem Elefanten seine Steuern reduzieren kann.

übersetzt aus dem Englischen:
Quelle: Canonical List of Elefant Jokes,
http:www.lanet.lv/users/judrups/Humor/canoneleph.html, Nr. 11

**506** Die UN veranstaltet ein Preisausschreiben, welche Nation oder Organisation das beste Buch über Elefanten machen kann.

Die Briten reichen eine trockene Abhandlung „Der Elefant und das britische Weltreich" ein.

Die Franzosen reichen einen Text „Die Sinnlichkeit des Elefanten – ein persönlicher Bericht" ein.

Die Deutschen reichen 47 Bände mit dem Titel: „Eine Einführung in die Grundlagen der Wissenschaft vom Elefantenohr" ein.

Die Amerikaner reichen einen Artikel aus dem „Money-Magazin" ein: „Elefanten – der perfekte Schutz vor Steuern im 21. Jahrhundert".

Greenpeace reicht einen Beitrag mit dem Titel „Elefanten – sie sind die besseren Menschen" ein.

Das Preisausschreiben gewannen die Japaner mit einem Flyer mit dem Titel „Wir haben keine Elefanten, aber möchten Sie nicht stattdessen einen Honda kaufen?"

übersetzt aus dem Englischen:
Quelle: Canonical List of Elefant Jokes,
http:www.lanet.lv/users/judrups/Humor/canoneleph.html, Nr.36

## Ötzi-Witze

*Ötzi – auch der* Eismann *genannt, ist eine ca. 5.000 Jahre alte Leiche, die 1998 im Eis eines Gletschers in den italienischen Alpen gefunden wurde. Der Fund des gefrorenen und mumifizierten Mannes aus der Kupferzeit war eine Sensation. Viele „Ötzi-Witze" kursieren auch heute noch im Internet.*

**507**  Die Wissenschaftler rätseln noch immer, welche Nationalität Ötzi hatte. War er Italiener? Wohl kaum, er hatte Werkzeug dabei. War er Schweizer? Wohl nicht, denn es fehlte das Alphorn. War er vielleicht Österreicher? Nein, denn er hatte keinen Hut mit Gamsbart. Er muss wohl ein Deutscher gewesen sein, denn nur Deutsche gehen auf Sandalen ins Hochgebirge.

Quelle: http/www.users.odn.de/
~odn08750/Humor02.htm#Wissenschaftler

**508**  *aggressivere Variante:*
Die Wissenschaftler spekulieren über die Nationalität von Ötzi. Österreicher kann er nicht sein, weil man Hirn gefunden hat. Italiener kann er auch nicht sein, weil er Werkzeug dabei hatte. Vielleicht ist er Schweizer, weil er vom Gletscher überholt wurde. Wahrscheinlich ist er aber Deutscher, weil nur ein Deutscher mit Sandalen ins Hochgebirge geht.

Nach: Der Witz-Cocktail, S. 12, verändert

**509**  *Scherzfrage:*
Was ist der Unterschied zwischen Ötzi und einem intelligenten Mann? Antwort: Ötzi ist schon gefunden worden.

## Berufestereotypen

*Bereits unter den Witzen der Rubrik „Arbeitswelt" fanden sich einige Witze, die auf Stereotypen beruhten. Wie die Nationalitätenstereotypen sind auch die Stereotypisierung und der Spott über bestimmte Berufsgruppen jahrhundertealt – Ärzte sind geldgierig, Polizisten sind beschränkt, Beamte sind faul, Handwerker sind unzuverlässig – diese Stereotypen gibt es auch in anderen Ländern. Wo es Bürokratie gibt, gibt es auch Beamtenwitze. Für fortgeschrittene Gruppen ein Anlass zu vergleichen und zu diskutieren.*

### *Stereotyp: Beamte sind faul*

510 *Scherzfrage:*
Was ist das? Vier in einem Zimmer und nur einer arbeitet?
Antwort: Ein Ventilator und drei Beamte.

511 Ein Beamter bekommt Besuch in seinem Büro. Der Besucher sagt: „Sie haben aber viele Fliegen hier!" Der Beamte sagt: „Ja, genau 217!"

512 Ein Beamter sitzt am Schreibtisch. Da kommt eine Fee und sagt zu ihm: „Du hast drei Wünsche frei!" Der Beamte sagt: „Ich wünsche mir, auf einer schönen, sonnigen Insel zu sein." Im nächsten Moment ist er auf Hawaii. Die Fee fragt ihn: „Was ist dein zweiter Wunsch?" Er sagt: „Ich wünsche mir, dass drei hübsche junge Frauen hier sind." Im nächsten Moment sind drei wunderschöne junge Frauen da. Dann sagt die Fee: „Nun hast du nur noch einen Wunsch frei. Überlege ihn gut!" „Jetzt wünsche ich mir, mein ganzes Leben nicht mehr arbeiten zu müssen." Zack, sitzt er wieder an seinem Schreibtisch!

### *Stereotyp: Buchhalter sind übergenau*

513 Ein Buchhalter besucht mit seinem Freund ein Naturkundemuseum. Während sie neben dem Dinosaurier stehen, sagt er zu seinem Freund: „Dieser Dinosaurer ist zwei Millionen Jahre und zehn Monate alt!" „Woher weißt du das denn so ge-

nau?“, fragt ihn erstaunt der Freund. Der Buchhalter antwortet: „Ich war vor zehn Monaten hier und da hat der Wächter gesagt, dass der Dinosaurier zwei Millionen Jahre alt ist.“

## Stereotyp: Polizisten sind nicht die Klügsten

**514** Zwei Polizisten finden drei Handgranaten. Sie beschließen, sie auf die Wache zu bringen. „Was machen wir, wenn eine explodiert?“, fragt der eine Polizist. „Kein Problem“, sagt der andere. „Wir sagen einfach, wir hätten nur zwei gefunden.“

**515** Zwei Polizisten finden eine Leiche vor einem Gymnasium. Sie müssen ein Protokoll aufnehmen. Der eine Polizist fragt seinen Kollegen: „Du, wie schreibt man eigentlich ‚Gymnasium‘?“ „Komm, wir legen ihn vor die Post!“, sagt der Kollege nach einigem Überlegen.

## Stereotyp: Bauern kennen das Großstadtleben nicht

**516** Ein Bauer kommt zum ersten Mal in seinem Leben in eine Großstadt. Er wohnt in einem großen Hotel und steht unten in der Rezeption. Er sieht zum ersten Mal einen Fahrstuhl. Eine alte Frau steigt in den Fahrstuhl ein und fährt nach oben. Einige Minuten später geht die Fahrstuhltür wieder auf und eine hübsche junge Frau kommt heraus. Er kann es nicht fassen und murmelt: „Das glaubt mir daheim niemand!“

**517** Ein Bauer kommt zu ersten Mal in eine Großstadt und wohnt in einem Hotel. Er fragt den Mann an der Rezeption, wann die Mahlzeiten sind. Der Rezeptionist zeigt auf ein Schild, auf dem steht:

            Frühstück von 7 – 11h
            Mittagessen von 12 – 15h
            Kaffee von 15 – 17h
            Abendessen von 18 – 21h

Der Bauer liest das Schild und fragt dann: „Wann habe ich denn Zeit, mir die Stadt anzusehen?“

## *Stereotyp: Politiker sind unehrlich*

**518** Ein Politiker ruft einen Journalisten an und fragt ihn: „Haben Sie geschrieben, dass ich bestechlich und korrupt sei?" Der Journalist antwortet: „Nein, ich berichte nur über Neuigkeiten!"

**519** Ein Fischer, ein Jäger und ein Politiker sind in der Hölle. Sie kommen an den Sumpf der Lüge. Je mehr man gelogen hat, desto tiefer versinkt man. Der Jäger, der in seinem Leben viel gelogen hat, versinkt sofort bis zur Brust. Er dreht sich verzweifelt um und sieht den Fischer nur bis zu den Knöcheln im Sumpf stecken. Der Jäger ruft: „Wie ist das möglich, du hast doch dauernd gelogen, aus jedem kleinen Hering hast du einen riesigen Karpfen gemacht!" „Sei ruhig", sagt da der Fischer, „ich stehe auf dem Politiker!"

# Zum Schluss ein persönlicher Lieblingswitz: Der Weltraum

**520** Die Professoren Klostermann und Leisewitz, zwei Mathematiker, diskutieren: „Könntest du ausrechnen, wie viele Mäuseschwänze nötig wären, um den Mond mit der Erde zu verbinden?", fragt Klostermann. Leisewitz rechnet und rechnet. Nach einer Stunde hat er's: 545.6 Milliarden Mäuseschwänze. „Falsch", sagt Klostermann. „Ein Mäuseschwanz genügt. Er müsste nur lang genug sein."

Nach: Willi Brandt, S. 135

# Humor im DaF-/DaZ-Unterricht

Ein typischer DaF-/DaZ-Kurs zeichnet sich aus durch die große Verschiedenartigkeit seiner Teilnehmer in Bezug auf ihr Herkunftsland, ihr Alter, ihre Lebenssituation, Lebenserfahrung, Schulbildung, Erfahrungen mit dem Fremdsprachenlernen, „Allgemeinbildung" und, wichtig in unserem Zusammenhang, ihren individuellen „Sinn für Humor".

Ein ausgeprägter Sinn für Humor ist auf jeden Fall hilfreich im Leben und besonders bei der Umstellung auf ein Leben in einem fremden Land, sei es für kurze oder längere Zeit. Etliche unserer Deutschlerner sind belastet von Problemen, die mit Integrationsschwierigkeiten in Deutschland zu tun haben: Manche leben in einer ungewissen Situation, manche haben aufenthaltsrechtliche Probleme, manche tragen an schlimmen Erinnerungen (Verfolgung im Heimatland), sie haben Heimweh, sie sind deprimiert und besorgt, weil ihre Familie nicht da ist, sie haben keine Arbeit, wenig Geld, sie werden wegen ihres Aussehens oder ihrer mangelnden Sprachkenntnisse diskriminiert, sie sind nicht krankenversichert, und sie haben Zukunftsangst usw. Auch Schülerinnen und Schüler der Sekundarstufe, die Deutsch als Zweit-/Fremdsprache lernen, werden solche Probleme leider nicht fremd sein.

Auch Kursleiterinnen und -leiter an Volkshochschulen, privaten Sprachschulen u. a. Einrichtungen können einen gesunden Sinn für Humor bestens gebrauchen. Viele leben in einer ungewissen Situation: Die meisten arbeiten als Honorarkraft in einem völlig unterfinanzierten Bereich, sie erhalten nur kurzfristige Verträge, sie sind nicht sicher, ob der nächste Kurs zustande kommt, ob sie überhaupt von ihren (meist wenigen) Kursen leben können; viele haben keine Renten-, Kranken- und Arbeitslosenversicherung, sie haben Zukunftsangst …

In Anbetracht dieser Umstände ist es umso wichtiger, dass im Unterricht die Teilnehmer am Lernen und die Kursleiter am Unterrichten Spaß haben. Natürlich gibt es im DAF-Unterricht viele Gelegenheiten zum Schmunzeln und Lachen: Berichte über komische Begebenheiten, Situationskomik, erheiternde Missverständnisse, schlagfertige Antworten etc.

Witze sind nur ein kleiner, vielleicht gar nicht so wichtiger Teil der Anlässe zum Lachen im Unterricht. In vielen der gängigen Lehrbücher kommt Humor leider viel zu kurz – oder anders gesagt: Sie geben nur wenige Anlässe zum Lachen. Die vorliegende Sammlung von Witzen möchte dazu beitragen, den „Lachpegel" im Unterricht zu erhöhen.

Humor und Lachen im Unterricht haben viele positive Wirkungen:
- Das Lehren und das Lernen machen mehr Spaß,
- Stress und Anspannung werden bei Lehrenden und Lernenden abgebaut,
- die Atmosphäre und Interaktion in der Lerngruppe wird verbessert,
- Aufmerksamkeit und Motivation der Lernenden werden intensiviert,
- etwaige Langeweile wird vertrieben und
- die Kreativität wird angeregt.

*Fazit:*
Wer lacht, ist entspannt und aufnahmefähig.
Wer lacht, kann besser lernen (weil er entspannt und aufnahmefähig ist).

## Witze im Unterricht

Witze sind attraktiv für den Unterricht, weil sie kurz sind und auch spontan eingebracht werden können. Witze sind keineswegs an einen festen Wortlaut gebunden. Als ich anfing, Witze für dieses Buch zu sammeln, habe ich mich sklavisch an den Originaltext gehalten. Im Laufe der Arbeit wurde mir klar, dass jeder Text sehr gut verändert werden kann, schon deshalb, weil es von vielen Witzen Varianten gibt. Darum seien hier alle Kollegen und Kolleginnen ermutigt, Witze umzuschreiben, wenn ihnen eine bessere Pointe einfällt oder wenn sie einen anderen Wortschatz oder eine andere Grammatikstruktur üben wollen. Witze haben keine Autoren! Und sind keine ehernen Bibelworte! Bei vielen Witzen ist die Situation stichwortartig umschrieben (Wer spricht wo?). Viele Witze bestehen aber auch nur aus einem Dialog, ohne in eine Situation eingebettet zu sein. Das für Witze typische finite Verb in Erststellung ist durchgängig überarbeitet worden („Kommt eine Ente …") und kann ggf. vom Kursleiter wieder eingeführt werden.

## Schwierigkeiten beim Erzählen und Verstehen von Witzen

Einen Witz einer Gruppe zu erzählen, setzt Erzählende viel mehr unter Erfolgsdruck als ihn einem Einzelnen zu erzählen. Das „Ankommen" eines Witzes hängt ab von der Stimmung, der Überzeugungskraft, dem Selbstbewusstsein des bzw. der Erzählenden. Deshalb: Wer nicht gern Witze erzählt, sollte sie lieber in schriftlicher Form präsentieren.

Der Erfolg des Witzeerzählens hängt davon ab, ob die Zuhörer den Witz sprachlich und auch kulturell verstehen, ob sie ihn komisch finden und ob sie deswegen über ihn lachen können. Das Lachen ist also der hörbare Erfolg eines guten (angekommenen) Witzes. Dieser Erfolg misst sich nicht nur an lautem Lachen, sondern auch an einem Lächeln beim Verstehen.

Sowie ein Witz in einer Gruppe erzählt wird, entsteht die Gefahr, dass einige ihn verstehen und lachen, andere ihn nicht verstehen, hilflos sind und sich beschämt fühlen.

Woran kann es liegen, wenn nach dem Erzählen eines Witzes niemand reagiert? Der Witz wurde unter Umständen rein sprachlich nicht verstanden: Deshalb sollten Sie sich, sofern möglich, vorher versichern, dass vor allem die Schlüsselwörter allen Teilnehmern bekannt sind. Er kann auch kulturell nicht verstanden worden sein („Was soll daran komisch sein?"). Andererseits: Wenn man vorher alles erklärt, ist es nicht mehr komisch. Darum lieber eine Stufe leichter!

Witze erfordern kulturelles Vorwissen, was Lehrenden oft nicht ohne Weiteres bewusst. Vieles erscheint selbstverständlich an der Kultur, in der man „zu Hause" ist. Es braucht Abstand, um das zu erkennen.

Karrikatur nach:
Avner Ziv, Personality
and Sense of Humor.
Springer Publishing Company,
New York 1984, S. 37

## Schadenfreude

Trotz der Vorsicht bei der Auswahl der Witze basieren doch viele Witze genau genommen auf einer Schadenfreude gegenüber Schwächeren.

### Dazu eine kleine Begebenheit

>   Eine Katze und eine Maus gehen in ein Café. Die Maus sagt:
>   „Ich möchte gern ein Stück Nußkuchen mit Sahne."
>   Die Kellnerin fragt die Katze:
>   „Und was möchten Sie?"
>   „Ich möchte nur einen Klacks Sahne auf die Maus."

Dieser Witz war der erste, den ich in einem Kurs erzählt habe. Er gefiel mir, er war so schön leicht zu merken und passte gerade. Die meisten Teilnehmer lachten, aber eine junge Frau aus dem Libanon lachte überhaupt nicht, sondern sagte ernst: „Arme Maus!" Diese Reaktion ist mir unvergesslich – eine Lehre bis heute. Alle deutschen Freunde hatten – wie ich – bedenkenlos über den Witz lachen können.

Im Unterricht ist Vorsicht bei der Auswahl der Witze geboten: Gerade in der Grundstufe, wenn eine differenzierte Diskusion sprachlich noch nicht möglich ist, ist es alles andere als komisch, wenn ein Witz an Tabuisiertes rührt oder gegen Wertenormen verstößt.

Es ist schwer, allgemein gültige Hinweise für die Arbeit mit Witzen im Unterricht zu geben. Jede Gruppe ist anders, was die folgenden Voraussetzungen angeht: Geschlecht, Alter, Nationalität, Zusammensetzung, soziale und individuelle Lebenserfahrung und Disposition, dazu kommt die momentane Gemütsverfassung. Genauso unterschiedlich sind Kursleiterin und Kursleiter.

# Vorschläge für die Arbeit mit Witzen im DaF-/DaZ-Unterricht

Generell sollte ein Witz für die Teilnehmer entweder vom Wortschatz oder von der Grammatik her leicht zu verstehen sein – damit nicht lange, ermüdende Erklärungen nötig sind.

Mit einem Witz können Sie bzw. Ihre Lerngruppe z. B.

- in ein neues Thema, in einen Grammatikbereich oder in Wortschatzarbeit einsteigen,
- am Ende einer Stunde das Thema oder den neu gelernten Grammatikbereich zusammenfassen,
- einen ausgewählten grammatischen oder orthographischen Bereich üben: z. b. können dialogische Witze (mit kurzen Sätzen) in indirekter Rede wiedergegeben werden, Satzzeichen ergänzt werden u. v. a. ,
- das Gedächtnis trainieren: Witze werden anhand von Stichwörtern rekonstruiert,
- bei einsprachigen Kursen Übersetzungsübungen bzw. -versuche durchführen (herauszufinden, was einen Witz unübersetzbar macht, kann auch lehrreich sein),
- Kursdiktate schreiben lassen: Sie diktieren einen oder mehrere Witze, oder die Teilnehmer diktieren sich gegenseitig.

## *Erzählen von Witzen*

Sie können einen Witz einfach so erzählen, weil er Ihnen einfällt, weil er zu einem bestimmten Thema passt, weil er Ihnen gefallen hat, weil Sie einen bestimmten Punkt unterstreichen wollen.

Mit Kassettenrecorder oder anderen Speichermedien für mündliche Aufnahmen können Sie oder Ihre Freunde Witze erzählen und das auf Kassette aufnehmen. Die Aufnahme spielen Sie im Unterricht ab.

Bei Witzen ohne Angaben zum situativen Kontext können Sie die Teilnehmer fragen: Wer spricht, wo ist das?

Wenn Sie nicht gern Witze erzählen, arbeiten Sie am besten nur mit schriftlichen Vorlagen.

# Witze als schriftliche Vorlage

**Medien:**
*Tafel*
- Sie schreiben (eventuell vor dem Unterricht) einen kurzen Witz an.
- Tafel-Diktat: Sie diktieren einen kurzen Witz (das kann auch ein Kursteilnehmer tun), und ein anderer Teilnehmer schreibt den Text an die Tafel. Es folgt die gemeinsame Korrektur.

*Papierkopien*
- Sie stellen eine Anzahl von Witzen zu Hause selbst zusammen, kopieren sie; geben im Unterricht jedem Teilnehmer ein Blatt und lassen es lesen, im Unterricht oder zu Hause. (Siehe auch Arbeitsblätter)

*OHP-Projektor*
- Sie schreiben oder kopieren einen Witz oder Witze auf OHP-Folie und zeigen diese(n).
- Bei geeigneten Witzen können Sie die Pointe, Schlussreplik etc. zugedeckt lassen, und die Teilnehmer schreiben eine dazu.

## Arbeitsblätter erstellen und einsetzen

Sie können mit Witzen für Ihren Unterricht und Ihre Lerngruppe passende Arbeitsblätter zusammenstellen: Suchen Sie entsprechende Witze für einen Grammatikbereich oder für ein Thema mit Hilfe des Registers heraus und kopieren Sie sie auf eine Seite. Jeder in der Gruppe erhält eine Kopie dieses Blattes. Gelesen und bearbeitet werden kann es im Unterricht oder als Hausaufgabe. Sie können einem oder mehreren freiwilligen Teilnehmern (sie sollten gerne Witze erzählen) ein Arbeitsblatt mit Witzen mit nach Hause geben, von denen ein Witz ausgewählt, der Gruppe vorgelesen oder frei vorgetragen werden kann.

*Oder*: Jede und jeder nimmt einen anderen Witz mit nach Hause, lernt ihn zu Hause auswendig und erzählt ihn dann das nächste Mal den anderen. Man kann dafür die Gesamtgruppe auch in Kleingruppen aufteilen. Die Lernenden bewerten Witze: Entweder äußern sie sich frei dazu oder Sie geben eine Wertungsskala vor, z. B. wie Schulnoten (1–6), oder nach Punkten (0–3) oder eine Skala:

-3___-2___-1___0___1___2___3

Die Bewertung sollte begründet erfolgen: Entweder in freier Formulierung oder nach vorgegebenen Kriterien (z. B. Originalität, Charakteristik usw.)

Witze von einer Länge über drei Zeilen können Sie kopieren, auseinander schneiden und die Zeilen mischen (oder vier oder fünf oder mehr geeignete Zweizeiler mischen). Von geeigneten Witzen können Sie auch die Pointen abtrennen, und die Teilnehmer ordnen sie dann wieder zu.

Sie können Arbeitsblätter auch als Einsetzübungen gestalten: Dazu eignen sich Blätter mit fehlenden Adjektivendungen, Präpositionen, Verben, Satzzeichen, mit zu ergänzenden Anfangsbuchstaben (Groß- und Kleinschreibung), oder was in Ihrem Unterricht gerade behandelt oder wiederholt wird. Die Witze können auch erweitert werden, indem die Teilnehmer Adjektive oder Attribute hinzufügen.

*Wenn Sie mehrere Arbeitsblätter für eine Gruppe erstellen:*
Sie teilen die Klasse in Kleingruppen, jede Kleingruppe bekommt ein anderes Leseblatt mit Witzen. Jeder soll zu Hause einen Witz davon auswendig lernen. In der nächsten Stunde die Kleingruppen anders einteilen und die Witze in der neuen Gruppe erzählen lassen.

## Weiterführende Arbeit mit Witzen (für Fortgeschrittene)

Witze können erweitert werden zu Texten, Gedichten. Man kann Bilder, Zeichnungen, Collagen o.Ä. dazu anfertigen oder ein Rollenspiel mit Dialogen schreiben und aufführen. Sie können die Teilnehmer fragen, ob es in ihrer Muttersprache einen ähnlichen Witz gibt bzw. welche welche Varianten sie kennen.Vorsicht ist geboten, wenn Sie die Teilnehmer dazu ermuntern, ihnen bekannte Witze zu erzählen. Es kann eine peinliche Situation entstehen, wenn diese Witze brutal, obszön oder rassistisch sind.

Mit dieser Warnung im Kopf können Sie einen Witze-Wettbewerb organisieren: Die Teilnehmer schreiben alle Witze, die sie kennen, auf. Sie tragen diese Witze zusammen und stellen daraus eine kleine Sammlung her, die für alle kopiert wird: Als gemeinsame Erinnerung oder später zum Weitergeben an andere Kurse.

# Anhang

## Diskussionsfragen zum Thema „Humor"

Wer sich nicht sicher ist, ob Witze in einer Gruppe „ankommen" werden, kann sich an das Thema herantasten: z. B. mit Fragen dazu,
- ob in den Heimatländern Witze erzählt werden,
- bei welchem Anlass,
- ob auch Frauen Witze erzählen,
- worüber Witze gemacht werden,
- wie die einzelnen Teilnehmer individuell dazu stehen.

*Hier sind einige Beispiele für (Rund)Fragen, grob nach Stufen geordnet:*
Lachen Sie gerne? Wann lachen Sie?
Wo sollte man nicht lachen?
Wurde in Ihrer Familie viel gelacht? (Eine sehr persönliche Frage)

Hören Sie gern Witze?
Erzählen Sie gern Witze?
Erzählen Sie gern komische Geschichten?

Worüber lacht man in Ihrem Land?
Wann lacht man, bei welcher Gelegenheit?
Lachen Männer und Frauen verschieden (Ort und Anlass)?

Werden in Ihrem Land Witze erzählt?
Erzählen Männer und Frauen Witze?
Worüber macht man Witze?
Wann erzählt man sie?

Was ist „Sinn für Humor"?
Welche sind die verschiedenen Formen des Humors?
Welche komischen literarischen Gestalten gibt es in Ihrem Land?

## Sprichwörter über das Lachen und Aphorismen über den Witz

*Sprichwörter über das Lachen*

Lachen reinigt die Zähne. (afrikanisch)
Lachen hat noch niemandem geschadet. (arabisch)
Lachen ohne Grund zeugt von geringer Bildung. (arabisch)
Lachen ist die beste Medizin. (deutsch)
Lachen ist gesund. (deutsch)
Lachen und Weinen sind in einem Sack. (deutsch)
Der eine weint, der andere lacht. (deutsch)
Es lacht mancher, der beißen will. (deutsch)
Humor ist, wenn man trotzdem lacht. (deutsch)
Wer zuletzt lacht, lacht am besten. (deutsch)
Lachen ist der Vater des Sieges. (Indien)
Glück kommt zu denen, die lachen. (japanisch)
Es ist kein Lachen, wenn der Löwe die Zähne zeigt. (persisch)
Wer lacht, bleibt. (unbekannt)

*Aphorismen über den Witz*

„Kein Witz ohne Obszönität ist wirklich ein Witz."
„Einen wirklich guten Witz kann man in jeder Gesellschaft erzählen."
„Jeder wirklich gute Witz hat eine Tragödie zum Inhalt."

## Definitionsversuche: Humor, Lachen, Witz

*Humor* ist — die Fähigkeit heiter zu bleiben, wenn es erst wird.
*Ernst Penzold*
— der Schwimmgürtel auf dem Strom des Lebens.
*Wilhelm Raabe*
— Distanz zu sich selbst behaupten. *Janosch*
— die Kunst zu lachen, wenn einem zum Heulen ist.
*Werner Finck*
— der Regenschirm der Weisen. *Erich Kästner*
— der Versuch, sich selbst nicht ununterbrochen wichtig
zu nehmen. *Ernst Kreuder*
— der Knopf, der verhindert, dass uns der Kragen platzt.
*Joachim Ringelnatz*
*Lachen ist* — schadenfroh sein, aber mit gutem Gewissen.
*Friedrich Nietzsche*
*Ein Witz ist* — das Epigramm auf den Tod eines Gefühls. *Friedrich Nietzsche*
— das Niesen des Gehirns. *Alfred Polgar*
— die Diskrepanz zwischen dem Gedachten und dem Ange-
schauten. *Arthur Schopenhauer*
— die Waffe der Wehrlosen. *Peter Wapnewski*

(Nach: Ernst Günter Tange, Der boshafte Zitatenschatz.
Bissige Definitionen, treffende Bonmots und charmante Gemeinheiten.
Eichborn Verlag, Frankfurt a. M. 2001)

# Kommentierte Bibliographie

## deutschsprachig

### Humor: Theorie

- *Best, Otto F.:* Volk ohne Witz. Über ein deutsches Defizit. Fischer-Taschen-buch-Verlag, Frankfurt am Main 1993, 186 Seiten. (vergriffen)
*Kulturgeschichte der Abgrenzung Deutschlands gegenüber Frankreich im 19. Jahrhundert: die Entstehung der Ideologie vom „tiefsinnigen, ernsten" Deutschen gegenüber dem oberflächlichen, vor Esprit sprühenden Franzosen im Zuge der Entwicklung zum deutschen Nationalstaat.*

- *Freud, Sigmund:* Der Witz und seine Beziehung zum Unbewussten. Der Humor. Fischer Taschenbuch Verlag, Frankfurt am Main 1992, 267 Seiten.
*Zuerst 1905 erschienen – auch an Witzen merkt man, wie sehr sich die Welt in den letzten hundert Jahren verändert hat.*

- Kulturgeschichte des Humors. Von der Antike bis heute. Übers. a. d. Englischen, hrsg. von Jan Bremmer und Herman Roodenburg. Primus Verlag. Darmstadt 1999, 236 Seiten.
*Aufsatzsammlung zur Geschichte des Humors: in der Antike; im alten Rom; im Mittelalter; in Italien (ca. 1350 – 1750); in den Spanischen Niederlanden; englische Schwankbücher; Scherzen in Holland des 17. Jahrhunderts; Parlamentarische Heiterkeit in Frankreich (1789 – 91); Humor und Öffentlichkeit in Deutschland im 19. Jahrhundert und Humor, Lachen und die Feldforschung: Betrachtung aus dem Blickwinkel der Ethnologie von Henk Driessen (sehr witzig und selbstironisch gegenüber seiner Zunft). Mit einer Forschungsbibliographie.*

- *Röhrich, Lutz:* Der Witz. Figuren, Formen, Funktionen. Metzler Verlag, Stuttgart 1977, 343 Seiten. *Das germanistische Standardwerk über den Witz, leider vergriffen.*

## Witzesammlungen

### Allgemeine Witzesammlungen

- Der Witz-Cocktail. Lachen bis zum Umfallen. Das ultimative Training für jedes Zwerchfell. Droemersche Verlagsanstalt, München 2002, 260 Seiten. Witzesammlung von bereits in den Einzelbänden *Der prall gefüllte Witzcontainer, Rabenschwarz, Endgeil und Oberfies* beim selben Verlag erschienenen Witzen.

- *Fischer-Fabian, Siegfried:* Lachen ohne Grenzen. Der Humor der Europäer. Bastei-Lübbe, Bergisch-Gladbach 2003, 238 Seiten.

*Inhalt: Die Engländer oder Die Kunst, sich auf den Arm zu nehmen – Die Österreicher oder Da kamma nix machen – Die Schweizer oder Haben sie überhaupt welchen? – Die Franzosen oder Die Ballade vom Gehörnten – Die Schotten oder Die Mär vom Geiz – Die Leute von der GUS oder Verlernt das Lachen nicht – Die Italiener oder Armer Bajazzo – Die Deutschen oder Manchmal lacht auch Germanien – Die Juden oder Des Witzes Krönung. Launig geschrieben, aber informativ.*

- *Hirsch, Eike Christian*: Der Witzableiter oder die Schule des Lachens. Beck Verlag, München 2001, 345 Seiten.
  *Kluge, kenntnisreiche Psychologie des Humors, die u. a. dafür sensibilisiert, was ein Witz anrichten kann. Dazu viele gute Witzbeispiele.*

- *Lentz, Michael / Thoma, Dieter / Chris Howland*: Ganz Deutschland lacht! 50 deutsche Jahre im Spiegel ihrer Witze. Deutscher Taschenbuch Verlag, München 1999, 235 Seiten.
  *Worüber nach dem Ende des Zweiten Weltkriegs in der Bundesrepublik und in der DDR gelacht wurde. Zeitgeschichte mit vielen interessanten Witzbeispielen.*

- *Nikol, Georg Friedrich* (Hrsg.): 666 Witze. Deutscher Taschenbuch Verlag, München 2002, 187 Seiten.
  *666 kurze, meist dialogische Witze, darunter viele für den Unterricht verwendbare, keine thematische Gliederung.*

- *Thoma, Dieter*: Zweitausend zierliche Zitate. Deutscher Taschenbuch Verlag, München 2000, 300 Seiten.
  *Hübsche Sammlung von „Weisheiten und Albernheiten, Anekdoten und Apercus, Witzchen und Banalitäten wie auch letzte Worte bunt gemischt beisammen" – alphabetisch nach Stichworten geordnet, von ‚Abendsonne' bis ‚Zynismus'.*

## Witzesammlungen zu bestimmten Themen

*In dieser Rubrik sind nur einige Beispiele aufgeführt. Einen Überblick über die z.Zt. lieferbaren Titel geben die Webseiten von* libri, bol, buecher, amazon *und anderen Bücherversendern online unter dem Suchwort – „Witze" oder „Kinderwitze" oder „Ärztewitze", „Juristenwitze", „Horrorwitze" etc.*

*Es lohnt sich auch, unter dem jeweils gewünschten Begriff im Internet nach entsprechenden Webseiten zu suchen.*

*Nach einer Meldung der* Süddeutschen Zeitung *war in Deutschland „Witze" im Jahr 2001 der achthäufigst aufgerufene Suchbegriff.*

### Mundartliche (regionale) Witze

- 1000 klassische Witze, Herbig Verlag, München 2000 (erstmals erschienen 1973 unter dem Titel „Ganz Deutschland lacht – die Landschaften des deutschen Humors"), 512 Seiten.

*Inhalt: Bayern- Berlin – Franken – Hamburg – Hessen – Köln – Mecklenburg – München – Niederbayern – Niedersachsen – Ostfriesland – Ostpreußen – Pfalz – Pommern – Rheinland – Sachsen – Schlesien – Schwaben – Westfalen – Österreich – Wien – Schweiz.*

### Politische Witze

- *Brandt, Willy*: Lachen hilft. Politische Witze. Piper Verlag, München 2002, 157 Seiten.
  *Inhalt: Politische Witze aus und über: Weimarer Republik – Nationalsozialismus und Krieg – Rüstung und Kalter Krieg – Sozialismus und Ostblock – DDR – USA – Jüdischer Witz – International – Skandinavisches – Nord – Süd – Alles relativ – Gott und die Welt.*

### Jüdische Witze

- *Landmann, Salcia*: Jüdische Witze. Deutscher Taschenbuch Verlag, München 2002 (35. Aufl.), 273 Seiten.
  *Soziologie des jüdischen Witzes und eine Sammlung jüdischer Witze.*

- *Landmann, Salcia*: Die klassischen Witze der Juden. Verschollenes und Allerneuestes. Ullstein Verlag, Berlin 1998 (2. Auflage), 283 Seiten.

- *Meyerowitz, Jan*: Der echte jüdische Witz. arani-Verlag, Berlin 1997, 121 Seiten.
  *Das klügste Buch zum Thema.*

### Witze und Deutsch lernen

- 100 Deutsche Jahre – Didaktisierung Folge 52: Jahrhundertgelächter – Die Deutschen und ihr Witz.

## Englischsprachige Literatur

### Humor: Theorie

- *Apte, Mahadev L.*: Humor and Laughter. An Anthropological Approach. Cornell University Press, Ithaca and London 1985, 317 Seiten.
  *Inhalt: I Humor and social structure: 1. Joking Relationships, 2. Sexual Inequality in Humor, 3. Children's Humor, 4. Humor, Ethnicity and Intergroup Relations; II Cultural Expressions of Humor: 5. Humor in Religion, 6. Humor and Language, 7. The Trickster in Folklore; III Behavioral Responses to Humor: 8. Laughter and Smiling: Evolutionary and Biosocial Aspects.*

- *Cohen, Ted*: Jokes. Philosophical Thoughts on Joking Matters. The Chicago University Press, Chicago und London 1999, 99 Seiten.
  *Inhalt: Jokes Are Conditional – When Jokes Are Asymmetrical – Problems and Occasions for Joke-Making – Jewish Jokes and the Acceptance of Absurdity – Taste, Morality and the Propriety of Joking. Trotz des allgemeinen Titels bezieht sich das Buch vor allem auf den jüdischen Witz.*

- *Davies, Christie*: The Mirth of Nations. Transaction Publishers, New Brunswick und London 2002, 252 Seiten.
*Inhalt: The Self-Mocking Scottish Sense of Humor – The Balanced Jewish Sense of Humor – Jokes about Jewish Women and Australian Men – Canadian Jokes about Newfoundlanders: Neighborly, Bilingual, North American – Jokes about Newfies and Jokes Told by Newfoundlanders – American Jokes about Poles – Polish Jokes and Polish Conflicts.*

- *Ziv, Avner* (Herausgeber): National Styles of Humor. Greenwood Press, Westport, Connecticut, USA 1988, 240 Seiten.
*Inhalt: Humor in Australia – Humor in Belgium – Humor in France – Humor in Great Britain – Humor in Israel – Humor in Italy – Humor in the United States – Humor in Yugoslavia. Eine Aufsatzsammlung.*

- *Ziv, Avner*: Personality and Sense of Humor. Springer Publishing Company, New York, USA 1984, 189 Seiten.
*Inhalt: I The Functions of Humor: The Aggressive Function of Humor (F.o.H.) – The Sexual F.o.H. – The Social F.o.H. – Humor as a Defense Mechanism – The Intellectual F.o.H., II: Techniques, Content, and Situations of Humor, III: Humor and Personality: Dimensions of Humor and Personality – Personality and the Enjoyment of Humor – Personality and the Creation of Humor – The Humorists among Us: The Amateurs.*

## Humor and Learning

- *Lundberg, Elaine/Thurston, Cheryl Miller*: If The're Laughing, They Just Might Be Listening. Ideas for using HUMOR effectively in the classroom – even if you're NOT funny yourself. Cottonwood Press, Fort Collins, Colorado, USA, 3. Auflage 2002, 95 Seiten.
*29 practical ways to use humor in the classroom.*

- *Medgyes, Péter*: Laughing Matters. Humour in the language classroom. Cambridge Handbooks for Language Teachers. Cambridge University Press, Cambridge, U.K., 2002, 272 Seiten.
*Inhalt: Funny starts – Jokes and wisecracks – Puns and puzzles – Proverbs and quotations – Poems and songs – Picture and images – Stories and anecdotes – Sketches and dialogues – Errors and failures – Children and schools.*

- *Shade, Richard A.*: License to Laugh. Humor in the Classroom. Libraries Unlimited, Inc. (Teacher Ideas Press) Englewood, Colorado, USA 1996, 126 Seiten.

# Register

*Die Ziffern bezeichnen die Nummer des Einzelwitzes, in dem das jeweilige Wort bzw. das grammatische Phänomen vorkommt. Die Witze in Teil II der Sammlung enthalten keine Grammatik-Anmerkungen, sind also auch nicht im Register verschlagwortet. (Abkürzungen: s. = siehe; s. a. = siehe auch)*

– Konjunktiv II ("möchten") 83,
139, 161, 191, 258, 285, 349,
371, 414
*müssen* 19, 30, 33, 37, 42, 51, 108,
136, 156, 160, 174, 178, 185,
186, 187, 206, 208, 209, 236,
237, 258, 268, 326, 352, 354,
374, 402, 405, 409, 418, 442

**N**
n-Deklination (Maskulina) 30, 33,
34, 35, 60, 107, 379, 380, 381,
444
*nach* 30, 33, 121, 135, 136, 256,
262, 361
*nachdem* 74, 155, 190
*nachgucken* 168
*nachmachen* 153
*neben* (mit Dativ) 384
Nebensätze
– eingeleitet durch:
*als* 18, 19, 60, 138, 164, 230, 243,
338, 368, 396, 401
*bevor* 175, 184, 433
*bis* 68, 169
*damit* 11, 16, 72, 87, 123, 253, 333,
370, 435
*dass* 3, 5, 52, 80, 84, 88, 100, 118,
121, 128, 139, 148, 154, 155,
160, 167, 188, 190, 191, 232,
234, 237, 242, 250, 258, 259,
271, 348, 355, 373, 377, 385,
398, 401
*je* (+ Komparativ) 423, 429
*nachdem* 74, 155, 190
*ob* 21, 22, 418, 419
*seitdem* 28, 71
*solange* 147
*um ... zu* 229
*während* 373
*wann* 2, 138
*was* 177
*weil* 1, 44, 139, 154, 156, 180, 226,
262, 328, 422
*wenn* 2, 29, 38, 50, 88, 99, 103,
113, 129, 142, 143, 146, 160,

163, 166, 175, 176, 186, 198,
210, 211, 214, 225, 246, 250,
256, 342, 348, 367, 370, 378,
380, 393, 419, 438
*wie* 15, 354
Negation s. Verneinung
*nehmen* 142, 197, 387
*nennen* 205
*nicht* (Adverb) s. Verneinung
nicht trennbare Verben 96, 109,
114, 115, 116, 123, 128, 147,
165, 167, 174, 175, 188, 199,
200, 230, 232, 235, 238, 342,
345, 368, 378, 388, 391, 392,
403, 404, 411, 432
*nichts* (Indefinitpronomen) 20, 80,
190, 191, 202, 361, 402, 445
*niemand* 50, 54, 155, 388, 396
Nomen s. Substantiv
Nomen, zusammengesetzte s. Komposita
Nominalisierung s. Substantivierung
Nullartikel 32, 81, 115, 124, 229,
407, 445
*nur* 361

**O**
*ob* 21, 22, 418, 419
*oben* 361
*öffnen* 347, 388
*ohne* 17, 26, 273

**P**
Partikeln 3, 9, 16, 22, 35, 48, 54,
55, 62, 68, 76, 78, 82, 92, 93, 96,
106, 107, 108, 111, 114, 115,
117, 120, 127, 128, 141, 146,
160, 162, 163, 165, 167, 168,
173, 174, 177, 179, 180, 181,
184, 188, 192, 194, 196, 197,
203, 207, 209, 241, 247, 257,
266, 267, 268, 328, 331, 338,
342, 345, 349, 352, 357, 359,
360, 361, 366, 367, 369, 374,
377, 384, 400, 401, 407, 410,
413